佐藤宗大

国語教育における「主体」と「ことばにならない何か」

Agency and "Things Beyond Words"
in Japanese Language Education:

In Search of the Foundation
of Finding Their own Words

ひつじ書房

目次

序章   1
1   問題の所在   1
   1.1   言語運用能力の限界   1
   1.2   「わたし」を獲得し形成するために
        ──「ことばにならない何か」の価値付けと伴走者としての哲学──   4
2   本研究の目的   7
3   本研究の方法   8
4   本研究の意義   9

第1章   カント哲学における合理的行為者性
       「わたし」の基礎となる認識・行為の主体とはどのようなものか   11
1   問題の所在   11
2   研究の方法   12
3   『第一批判』における物自体(Ding an sich)   14
   3.1   認識論のコペルニクス的転回と「物自体(Ding an sich)」   14
   3.2   物自体を"領域"へと拓く機制   16
4   物自体の領域と「超越論的自由」──合理的主体の理論的形成──   18
   4.1   自由と自然法則の両立可能性──第3アンチノミー──   19
   4.2   根源的自発性から行為者性へ──合理的行為者性としての選択意志──   20
   4.3   意志と選択意志──カント哲学の合理的行為者性をめぐって──   22
     4.3.1   カント著作における意志と選択意志   22
     4.3.2   意志と選択意志との関係をめぐる問い   24

4.4 『第二批判』における意志概念の再検討	25
5 今ここの「わたし」を支え、別のあり方へと開く主体	
——合理的行為者性と「二世界説」——	28
6 まとめ	31

第2章　哲学と教育学、国語教育学の連続と断絶
（国語）教育学は哲学を「正当に」受容したのか？　　　　33

1　問題の所在	33
2　研究の方法	33
3　カント哲学とヘルバルト教育学	
——カント主義者としてのヘルバルト？——	35
3.1　ヘルバルトの思想的背景——超越論的な哲学との対決——	35
3.2　ヘルバルトのカント批判とその教育学的発展	38
3.3　ヘルバルト主義の終焉と断絶	40
4　ヘルバルト以後の国語教育における哲学受容とその課題	
——解釈学を例として——	41
4.1　文学教育論の礎としての解釈学理論とその発展的受容	
——鶴田（2010）を例に——	42
4.1.1　〈解釈〉の問題——文学教育の背景理論としての解釈学——	43
4.1.2　〈分析〉の問題——文学を読む方法——	44
4.1.3　〈解釈〉と〈分析〉の統合	44
4.2　国語教育における思想受容の問題とは何か	45
5　哲学と国語教育とのこれから	
——「開いた体系」としての国語教育学——	46
5.1　国語教育にとっての哲学とは何か	
——学的自立とその限界——	46

5.2　哲学と国語教育との関係はいかにして可能か
　　　——国語教育に内在する哲学思想と「開いた体系」としての国語教育学——　48

第3章　国語教育の根源的問題意識
　　　　　「ことばにならない何か」と対峙するとはどのようなことか　51
1　問題の所在　51
2　研究の方法　53
3　国語教育学に伏流する認識論的課題
　　——西尾実の「行的認識」概念の分析から——　53
　3.1　研究の方法　55
　3.2　「行的認識」の本来的意義とは何か　57
　　3.2.1　「序」における立場——『国語国文の教育』の目指したもの——　57
　　3.2.2　方法としての「行的精神」　58
　　3.2.3　「読む作用の体系」の認識論的考察　61
　　3.2.4　「主題・構想・叙述」の認識論的考察　62
　3.3　まとめ　63
4　「第三項理論」批判——物自体としての〈第三項〉——　65
　4.1　問題の所在　65
　4.2　研究の方法　69
　4.3　第三項理論とその受容上の問題点　69
　　4.3.1　第三項理論の国語教育的意義　69
　　4.3.2　第三項理論の「躓きの石」としての〈第三項〉——理論なき理論——　70
　4.4　第三項理論の批判的再構成——「物自体」としての〈第三項〉——　72
　　4.4.1　〈第三項〉で「言わんとすること」とは何か　72
　　4.4.2　カント哲学による「第三項理論」の批判的検討　75
　4.5　第三項理論の本質的意義とは何か　77
5　まとめ——西尾から田中へ、そしてその先へ——　78

第 4 章 「ことばにならない何か」による「わたし」の形成と
　　　　合理的行為者性　カント哲学の"課題"としての国語教育　81

1　問題の所在——「主体」なき「主体性」論議？——　　　　　　　　81
2　「主体的・対話的で深い学び」と「主体」をめぐる問題　　　　　　83
3　「主体」を育てる国語教育　　　　　　　　　　　　　　　　　　86
　3.1　学習者の変容——「書く」から「考える」へ——　　　　　　87
　3.2　研究授業：「おにたのぼうし」を用いて　　　　　　　　　　88
　3.3　「主体」の場としての教室空間と指導者の変容　　　　　　　91
　3.4　文学作品の「力」と「物自体」——「おにたのぼうし」の「力」とは何か？——　92
4　「ことばにならない何か」で「主体」を形成するための授業構想
　　——「ごんぎつね」に「声なき声」を聞く文学教育——　　　　94
　4.1　教材について——重なり合う「語り」、上書きされる「思い」——　95
　4.2　単元構想——茂平になってごんや兵十に手紙を書いてみよう——　96
　　4.2.1　単元について　　　　　　　　　　　　　　　　　　　96
　　4.2.2　単元の目標　　　　　　　　　　　　　　　　　　　　98
　　4.2.3　単元の展開　　　　　　　　　　　　　　　　　　　　98
　4.3　各次の詳細　　　　　　　　　　　　　　　　　　　　　100
　4.4　実践提案のまとめ——「声なき声」と対峙する文学の教室のために——　103
5　まとめ——カント哲学の課題としての国語教育というアプローチ——　104

第 5 章 「ことばにならない何か」と出会う文学の教室
　　　　「リア王」のリーディングシアターを通した「主体」形成のための実践　105

1　単元設定の理由
　　——「言語運用能力が高い」と「ことばの力」も高いのか？——　105
2　実践授業の概要　　　　　　　　　　　　　　　　　　　　　108
　2.1　題材設定　　　　　　　　　　　　　　　　　　　　　　108
　2.2　学習者について　　　　　　　　　　　　　　　　　　　109

	2.3 言語活動の設定	110
3	単元の詳細	110
4	各時の展開	114
	4.1 1時間目（1次-1/1）	114
	4.2 2時間目（2次-1/4）	116
	4.3 3時間目（2次-2/4）	119
	4.4 筆者・授業者による中間討議（1回目）	119
	4.5 3時間目（2次-2/3）	120
	4.6 筆者・授業者による中間討議（2回目）	121
	4.7 4時間目（2次-3/3）	122
	4.8 5時間目・6時間目（3次）	125
	4.9 7時間目―10時間目（4次-1,2,3,4/5）	127
	4.10 11時間目（4次-5/5）	127
5	単元への考察	128
	5.1 学習者らの問題として立ち現れた「語ること」の限界	128
	5.1.1 多様なことばの場としての授業実践――ShY児の事例――	128
	5.1.2 学習者間のことばの断絶の現出――表出されることばの限界――	131
	5.2 授業者の問題として立ち現れたことばの限界	133
	5.3 単元の振り返りから	135
6	実践から理論を振り返って――ことばの限界に直面し、「ことばにならない何か」と対峙しながら自分のことばを獲得する「主体」の姿――	139
	6.1 「ことばにならない何か」を授業実践に位置付けるとはどういうことか	139
	6.2 文学教育には何ができるのか――「主体」の形成という観点から――	141
	6.3 本単元の課題	142

結章　「ことばにならない何か」からはじまる国語教育とは何か　145

1　教師の働きかけはどのようにあるべきなのか？
　　——教室における教師の「主体」の姿——　　　　　　　　　145
2　「主体」を「評価する」こと——国語教育における評価の二重性——　148
3　「主体」の共同体へ——「目的の王国」としての(国語)教室？——　149

終章　本研究の総括　151

1　研究の成果　　　　　　　　　　　　　　　　　　　　　151
2　本研究の課題と展望　　　　　　　　　　　　　　　　　157

初出一覧　　　　　　　　　　　　　　　　　　　　　　　159
引用・参考文献一覧　　　　　　　　　　　　　　　　　　161
謝辞(博士論文版)　　　　　　　　　　　　　　　　　　　167
謝辞(書籍化版)　　　　　　　　　　　　　　　　　　　　171
索引　　　　　　　　　　　　　　　　　　　　　　　　　173

序章

1 問題の所在

1.1 言語運用能力の限界

「わたし」は何者なのか、「わたし」はいったい何を思い、考えているのか。この思いは誰かに届くのか。

「わたし」に輪郭を与え、その思いや考えを誰かに繋ごうとするとき、私たちはことばの力を借りようとする。だからこそ私たちにはことばが必要だし、それは同時に、ことばの学びの教科としての国語科の意義でもあるだろう。であるならば、国語科はことばをどのように学ぶ場であればよいだろうか。

1つの考え方は、ことばを正しく使うことを身につけるということである。事実、私たちはことばによって通じ合う以上、相互交通がスムーズに成り立つよう、その基盤はしっかりと整備されている必要がある。つまり、ことばを正しく身につけるという発想の背景には、ことばの使い方やルール、語彙といった知識や、話すこと・聞くこと・書くこと・読むことといったことばの能力――差し当たり、これらを総称して**言語運用能力**と呼ぶことにしよう――が、私たちのことばの共通基盤であるという考え方がある。

この考え方には、特におかしな点はないように思われる。何より、ここまでの私の主張があなたに受け取ってもらえているのは、あなたと私との間に日本語の言語運用能力という共通基盤があるからに他ならない。もし私が本書をドイツ語で書いていたなら、あなたにドイツ語の言語運用能力がない限り、私の言いたいことを受け取ってもらうことは全く望めなかっただろう（もちろんそんなことはしないし、そもそもできやしないのだが）。

しかし、言語運用能力を共通基盤として、それを育てていくことが国語科

の目標であるという考え方には、次の2つの点で限界があると私は考えている。

まず第1に、国語教育の内容の必然性や切実さに関わる問題である。言語運用能力が私たちのコミュニケーションの基盤となるということの背後には、この言語運用能力によって整理されたことばが、私たちのコミュニケーションのスタンダードである（べきだ）という言語観が存在する。その時国語科は、このスタンダードとしてのことば——まさしく「標準語」——に依拠しながら、学習者それぞれの言語運用能力を育成する教科だということになる。しかし、このスタンダードとしてのことばを要求するのは社会（大人たち、ということもできるだろう）であって、学習者にはそれを学ぶことへの要求や客観的必要性こそあれ、必然性などない。ましてや、そうしたものを学ばねばならないという必然性などどこにあるのだろうか。

たとえば、言語運用能力の1つとしての「論理（的コミュニケーション）」について見てみよう。論理的思考への関心やニーズは常に高い傾向にあり、国語科においても、学習者の論理性の向上に向けた学習開発や研究が盛んに行われている。であるならば、大学進学程度となれば相当の論理的思考やコミュニケーションが身についているはずだが、大学教員たちの多くは「学生がまともにレポートを書けない」と嘆いている。私も大学の初年次教育を担当しており、率直に同様の感想を抱いた。現在の勤務校は大手の私立女子大であり、学生の基礎学力もそう低くはないのに、どういうわけかレポートを書いたり、論理的に考えたりすることができていない学生が少なくない。しかし、学生たちが高校まででそうしたことをやってこなかったのかと言えば、むしろ近年は大抵の子が、総合的な学習の時間や総合的な探究の時間で研究レポートを書くような活動を体験しているのである。

もちろん、高校までのカリキュラムにおける調べ学習や探究活動と大学における研究との質的差異は考慮しなくてはならない。しかし、体験したのにできていない・身についていないのであれば、学習者にとって、「論理（的コミュニケーション）」を身につけることに必然性が感じられなかった——つまりは学習のための学習に陥っていた——のではないだろうか。

したがって、問題は「きちんと教えたかどうか（＝能力の定着）」ではない。

言語運用能力の向上は国語科が果たすべき役割の 1 つではあるが、言語運用能力の価値やそれを学ぶことへの切実さは、学習者個々のことばの獲得や形成に関わって示されなければ、かえってその価値が空転するのである。

　第 2 の問題は、冒頭で述べたような自己の獲得や形成をめぐってのものである。先にも軽く述べたように、「わたし」とは何か、「わたし」が何を思い考えるのかを捉える上でも、ことばは重要な役割を果たす。したがって、言語運用能力の向上は、自己の獲得や形成と直接に関わることになる。なぜなら、語ることばが増えていけば「わたし」もよりはっきりと獲得され、形成されることになるからである。

　しかし、「わたし」が何なのか、何を思い考えるのかなど、完全に語りうるものではない。たとえば文学の教室において、自分の感想をなかなか表出しようとしない子や、何かを言おうとして口篭ってしまったり、しどろもどろになってしまったりする子の姿を思い浮かべてもらいたい。その一方で、自分の意見を整然と述べることができる子もいる。彼らの姿を、教師はどのように見とるだろうか。国語科の目標を言語運用能力の向上に置くのであれば、当然高い評価を受けるのは後者であり、前者はそうした能力が十分に育成されていないものとして見なされるだろう。しかし、学習者が「わたし」の思い、考えていることとどれだけ真剣に、切実に向き合っているかという視点で捉えたらどうだろうか。むしろ前者の姿に、私たちは、何かと出会い、それをことばとして獲得していくことの、そしてそれを通して「わたし」の思いと出会うことの切実さや葛藤を見てとれはしないだろうか。

　つまり、言語運用能力の向上は「わたし」の獲得・形成に役割を果たすが、両者はイコールではない。何より、言語運用能力が高いからと言って、その学習者が成長しているというわけでもない。これまた大学生の例で恐縮だが、「レポートが書けない」と大学教員が嘆息する一方、学生たちも別に書く力が全くないわけではない。むしろ授業の感想や小レポートなどは、それなりの分量のものを器用にこなしてくる。しかし、学生たちがそうしたものを「書く」過程で、どれほど真剣に考えたかは別の問題である。西尾実が『国語国文の教育』（初版 1929）で「絶えざる反復」としての「推敲」を重視したのも、当時の綴方教育が美辞麗句を書き連ねるだけの形式的なものとなり、「書

く」という行為が学習者自身の成長に寄与していないと感じたからであった。それと同じことを、学生たちのコメントシートの作文にも時折見てとれることがある。大学生ですらこうなのであるから、そもそも自分のことばを獲得していこうとする初等教育段階や、「わたし」のありようをめぐって様々に葛藤する中等教育段階で、言語運用能力の向上にばかり意識を向けていったら、どうなるだろうか。繊細でとりとめもない「わたし」に対して、言語運用能力はあまりに頑強ではっきりとしている。ゆえに、「わたし」のことばが見つからないという学習者にも、そして「わたし」のことばから抜け出せないという学習者にも、言語運用能力それ自体は何の助けも与えない。言語運用能力の向上は、学習者自身の成長と容易に分離する。国語科教育における言語運用能力の限界はまさにここにあり、そしてそのゆえに、言語運用能力の向上は国語科の中心的な目的とはならないのである。

1.2 「わたし」を獲得し形成するために
——「ことばにならない何か」の価値付けと伴走者としての哲学——

では、もし言語運用能力の向上が国語科の中心的な目的ではないのであるならば、国語科はどのようなことばの学びの場となれば良いのだろうか。

結論から言えば、私たちが言語運用能力を必要とするのは、是非ともことばにしたいような「何か」と出会った時であると考えられる。そしてその「何か」が今の自分が持ち合わせることばの枠内では捉えられないようなものであればあるほど、言語運用能力を獲得したい、向上させたいという思いは強くなるのではないだろうか。つまり言語運用能力の向上は、学習者にとって自分の持ち合わせることばを越える経験・対象としての**「ことばにならない何か」**との対峙によって、最も効果的かつ切実に実現されるのである。

言語運用能力の向上が中心的な目的ではないとは言ったが、語彙を増やす、文法を意識する、積極的に話し、聞き、書き、そして読もうとする学習者の態度は、疑いようもなく国語科の時間を通して目指すべきものである。しかし先にも見たように、「これが必要だから」という仕方で方法だけを与えても、決してそうした態度は形成されない。方法が身についたとしても、その方法に飲まれてしまうのが関の山である。社会が、あるいは先生がそう言うから

ではなく、言語運用能力が他ならぬ「わたし」にとって必要であるということが、ことばを学ぶこと、そして「わたし」の獲得と形成のための手段である言語運用能力を向上させる根源的な動機でなければならない。

したがって国語科の時間とは、「ことばにならない何か」との出会い・対峙を通して「わたし」のことばを獲得・形成することを目的とする時間であると考えられる。言語運用能力は、その目的実現のための手段としてより必然性と切実さをもって学ばれることになるのである。

次なる問題は、国語教育の中に「ことばにならない何か」をどのように価値づけるかである。

国語教育学はことばの学びの場であるために、その成立過程からして、国文学や言語学、文学理論や論理哲学など、言語に関わる諸領域と深い関係を持ってきた。その結果、国語教育では表出されたことばや論理が重視され、「ことばにならない何か」については、いくつかの文学教育理論を除いては、言語運用能力の向上によって取り払うべきものとして位置付けられる傾向にあった。

しかし、いま私たちが求めようとしている国語教育は、自分の持ち合わせることばを越える経験・対象としての「ことばにならない何か」との対峙によって動機付けられているのであった。したがってここには、ことばの表出に先立って、ことばにしたいような対象が「わたし」に対してどう現れるのかという「認識」をめぐる問題が存在するのである。そのため本書には、課題を共にする伴走者として、「認識」のダイナミズムを問うような考察が求められるのである。

本書では、「ことばにならない何か」から始まる国語教育について、18世紀ドイツの哲学者I. カントによる「認識」と「行為」とをめぐる哲学的議論を伴走者として考察を進めていくことにする。

実は、私はもともとは西洋哲学史を専門としており、修士課程までは文学研究科でカント哲学について研究していた。国語教育学のフィールドに移ってきたのは、この領域がカント哲学と根源的な課題を同じくしつつ、教育を通して、その成果を社会へと接続していくことに大きな魅力を感じたからであった。

カント哲学は、世界認識の二項対立の時代に生まれた。世界への手触りを与えるのは何か。理性なのか、それとも経験なのか。カントは、そのどちらでもなく、かつ、その両方であると答える。つまり、私たちは世界そのものを直接認識しているわけではなく、「理性的存在者（vernünftiges Wesen）」としての私たちの思惟能力によって諸感覚が統合されることによって認識（たとえば「りんご」）が成立する。しかし、だからと言って世界が個々の人間の内的イメージに終始するわけではない。私たちを触発し、ある経験の構築へと駆り立てる「何か」が、そこには存在することが予想される。ただし、それは思考によってあくまで想定されるにとどまり、それそのものが世界の絶対的「正解」というわけではない。その「何か」をカント哲学では「物自体（Ding an sich）」と呼び、私たちの世界認識を基礎づけ、同時に限界づけるものとして位置付けている。そして、この「物自体」は、思考によってのみ捉えうるがゆえに、「理性的存在者」としての私たちの共通の基盤——これを「叡智界」という——としても機能する。つまり、私たちはみな「理性的存在者」として「叡智界」に身を置いているのであって、このことを基礎として、私たちには相互理解の可能性が開かれてもいるのである。

　私がはじめて国語教育に触れたのは文学教育をめぐるものであったが、その時課題とされていた学習者の「読み」をどう位置付けるかという問いは、私の目には、カントの時代に交わされていた世界認識をめぐる問いに重なるもののように思われた。作品の「読み」はどこにあるのか、作品という客観的対象であり、それは正しい——合理的な——プロセスによって到達することが可能なのか。あるいは学習者個々にとって主観的に現れたものが重要なのか。もしそのいずれでもなく、学習者個々の「読み」を大切にしつつ、それを他者やその集合体としての教室空間で交流し、共有するにはどのような発想が必要なのか。私が国語教育に「ことばにならない何か」を位置付けようとするのも、カントが「物自体」の措定によって対立の調停を図ったことに発想を得たものに他ならない。つまり、私は文学の教室を、作品から「わたし」に対して訴えかけてくる「ことばにならない何か」をここに捉えつつ、その体験を共有する場として考えようとしている。「ことばにならない何か」との対峙は、個々の「わたし」にとって切実な体験でありながら、「わたし」の手

持ちのことばでは表現できない。それを表現しようとする——つまり「わたし」を獲得し、形成する——ところに言語運用能力を学ぶ動機を位置付けるとともに、「あなた」の、つまりは他の「わたし」が対峙する「ことばにならない何か」にも寄り添いつつ、そのことばを受け入れる態度を形成する場にしたいのである。

　したがって本書の試みは、国語教育だけではなく、カント哲学の側にとっても、その考究が教育を通して社会に還元されるという点で意義を持つことになるだろう。もちろん、国語教育と哲学との接点は、カント哲学に限るものではないはずである。実際先にも触れたように、これまでにも哲学の立場から国語教育について考察する事例は存在する。しかし、先行事例では宇佐美寛や野矢茂樹など論理哲学系の研究者が関わることが多く、彼らの立場からは、「ことばにならない何か」は関心の対象外、あるいは「正当な論理運用」によって取り払うべきものとして見做されがちであった。そういう意味でも、カント哲学による「ことばにならない何か」の定位という本書の提案はあまり前例のない、ある意味では素っ頓狂な試みである。しかし何にせよ、まずは誰かがその両者を出会わせなければ、試みの可否も明らかとはならない。どこかうまくいっていればそれはよし、もし欠陥があれば、ぜひ本書を他山の石としてこの方面での議論が活発となっていけば、私の望外の喜びである。

2　本研究の目的

　本研究の目的は、「ことばにならない何か」と対峙しつつ、それを自分のことばにすべく言語運用能力を駆使する「主体」を形成する国語教育を、カント哲学の立場から理論・実践の両面で提起することである。具体的には、以下の通りである。

目的1：カント哲学的な合理的行為者性の教育的可能性を明らかにする。
　本研究では、カント哲学の合理的行為者性のアクチュアリティを哲学の外部へと開くために、教育に対する可能性を明らかにする。

目的2：国語教育学と哲学との関係を批判的に検討し、両者の協働可能性を考察する。

　本研究では、国語教育学と哲学との関わりを批判的に検討し、その課題を明らかにするとともに、両者のあり得べき学際的関係を考察する。

目的3：国語教育において「ことばにならない何か」を積極的に意義づける。

　本研究では、カント哲学の研究成果を援用しつつ、これまで国語教育で十分に位置付けられてこなかった「ことばにならない何か」を、国語教育の根源的動機として積極的に意義づける。

目的4：「ことばにならない何か」から「主体」を形成する国語教育の理論と実践をカント哲学の見地から提案する。

　本研究では、目的1・2・3を踏まえ、カント哲学と国語教育学の融合から、「ことばにならない何か」によって「主体」を育成する国語教育の理論および授業プランを提示する。

3　本研究の方法

　本研究では、上記の4つの目的を達成するために、以下のような方法を取る。

方法1：カント哲学における合理的行為者性を再構成し、その成果を教育学の関心と接続させる。（目的1のため）

　本研究では、カント哲学における合理的行為者性を、「わたし」の基礎となるような人間の生活全般に関わる主体として再構成し、その成果を教育における「主体性」の育成と接続させることで、カント哲学の教育的意義を明らかにする。（第1章）

方法2：教育学・国語教育学における哲学の受容状況を批判的に検討し、その課題を明らかにする。（目的2のため）

　本研究では、教育学における哲学受容と、国語教育における哲学受容を批判的に検討し、その課題を明らかにするとともに、国語教育と哲学双方にとって意義のある関わり合い方の条件を考察する。（第2章）

方法 3：カント認識論における「物自体」概念から「ことばにならない何か」を議論可能な対象として位置付けることで、「主体」の行為としての「読み」を考える。（目的 3 のため）

　本研究では、カント認識論における「物自体」概念を導入することによって、言語周辺の諸学説では十分な定位が図りにくかった「ことばにならない何か」を、議論可能な対象として扱うことを試みる。それによって、国語教育の根源的課題がことばによる世界認識という認識論的問題にあることを、先行学説の再解釈を通して明らかにする。（第 3 章）

方法 4：「主体」の形成を目指した文学教育実践を提示する（目的 4 のため）

　本研究では、文学教育を例として、「ことばにならない何か」との出会いによる「主体」の形成のための理論および具体的な授業プランと実践報告を示す。（第 4 章・第 5 章・結章）

4　本研究の意義

　本研究の意義は次の 4 点である。

意義 1：カント哲学のアクチュアリティを国語教育との学際的関係から提示する点

　本研究はカント研究者の視点から国語教育を課題として捉え、カント学説自体の再検討を通して、そのアクチュアリティを教育実践として提示する。

意義 2：学としての国語教育学の固有性と哲学とのあるべき関係を明らかにする点

　国語教育において哲学の受容は文学教育を中心に盛んに行われているが、形式的・道具的な援用にとどまっている。また、周辺諸科学を用いて語るというその態度は、国語教育学の学的固有性を曖昧にしている。本研究では、国語教育固有の関心とそれに対する哲学的議論の意義を考察し、国語教育学と哲学との学際的関係がいかにあるべきかを明らかにする。

意義 3：国語教育における「ことばにならない何か」の意義を明らかにする点

　「ことばにならない何か」は日常生活の中にも存在し、国語教育においてもそうしたものがあることは暗黙裡に共有されてきた。しかしそれは、教育上

の課題として受容されがちであった。本研究は、カント認識論における「物自体」を言語による認識の問題に拡張することで、むしろ「ことばにならない何か」を国語教育に積極的に意義づけるものである。

意義4：「主体」を形成する国語教育を、文学教育を舞台として理論・実践双方から提案する点

　国語教育における「わたし」や「主体（性）」はこれまでも問題とされてきたが、概念の定義、形成の在り方などについては十分に議論が進んでいない。本研究はカント哲学から国語教育が形成する「主体」を捉えた上で、文学教育を例として、それを形成するための実践を提示する。

第1章　カント哲学における合理的行為者性
「わたし」の基礎となる認識・行為の主体とはどのようなものか

1　問題の所在

　下司・木村（2015）は、教育哲学会の会員に対して行った「今後研究されるべき思想家」を問うアンケート（複数回答制）の結果を報告している。1位はデューイ（全体の62.7%）、2位はルソー（全体の54.7%）と続き、3位に位置するのがI. カント（全体の34.1%）である。また下司（2016）が指摘するように、90年代以降のポストモダン研究の礎にも、カントを始めとした古典研究の素地があった。つまり、カントは教育（哲）学において揺るぎない「古典」としての地位を有しているのである。また道徳教育研究においても、カント倫理学を主題とした考察は盛んに行われている。しかしながら、教科教育学や教育実践研究の領野では、カント哲学を援用した研究は佐藤（2021）など事例が少なく、これからの発展が期待されている。

　なぜ、教育哲学と教科教育学とでカント哲学の受容状況に違いが見られるのか。これは理論／実践という分断という問題では解決できない事態である。なぜなら、教育哲学に理論を、教科教育学に実践を振り分けるという構図自体が、そもそも成立し得ない。教科教育学にも学的理念があり、したがって理論的考究が存在するからである。むしろ問題は、教育学全体がどのようにカント哲学を受容してきたかという点にある。つまり、カント哲学は教科教育学の問題には関わらないような学説なのだろうか。そしてそれは翻って、哲学の側にも課題を突きつける。つまり、哲学は自らの考察のアクチュアリティを十分に示してきただろうか。したがって、教育という関心からカント哲学を読み直し、それをカント哲学内在的な議論と接続させるという作業が、両者の学的関係を構築する――とりわけ、哲学的考察を教育実践の問題と接続させる上で必要となるのである。

2　研究の方法

　そのための方法として、本章では合理的行為者性概念としての選択意志（Willkür）からカント哲学を再構成する。それによって、カント哲学の行論とそこにおける合理的行為者性概念を、倫理学的関心にとどまらない「わたし」の認識や行為一般を射程に入れたものへと拡張するためである。

　カント哲学が課題としたのは、人間的理性によって可能な範囲はどこか、それをどのように定めるのかということであった。勇み足を承知でこれを言い直すと、カントは、人間にとって「合理的（vernünftig/rational）」であるとはどういうことかを問題としたのである。カントによれば、推論の能力としての理性は、推論を通して無条件なものへと到達することをその本性とする。ここで言う「無条件なもの」とは、あらゆる因果系列の出発点であり、関心を変えれば、世界そのものの出発点としての「神」であったりのことである。しかし、当然のことだが、因果系列の出発点や「神」というのはそうしたものが想定されるにとどまるのであって、実在するわけではない。しかし、そうした対象に至るまでの推論が「筋が通っている」ゆえに、私たちはありもしないものをあたかも実在するかのように捉えてしまう。つまりここでは、正しさにたどり着くよすがであったはずの理性が、私たちを過ちへと導いているのである。

　そのためカントは、私たちが思惟作用によってどのように世界を捉えているのかを、認識能力ごとの分析を通して明らかにすることで、人間の理性が扱ってもよい範囲やその扱い方を論じたのである。したがって、カントにとっての「合理的」とは、私たちの日常語としての「合理的」——それは多分に「論理的」と同値であろう——とは異なる。それは、論理的推論だけではなく、抽象的概念の把握といったものも含む、つまりは「思惟作用が関与する」ということ一般を射程に含むのである。

　認識だけではなく、その認識を踏まえた上での行為についても、カントは合理的能力のあり方という視点から考察を加えている。その中でカントは、人間の行為における合理的能力——合理的行為者性（rational agency）——には意志（Wille）と選択意志の2つが存在すると論じている。しかし、『実践理

性批判（*Kritik der praktischen Vernunft*）』（1788 以下『第二批判』）においてカント自身が次第に意志の側に積極的性格を与えていることから、選択意志については、経験的要因に基づいて主観的に行為を選択する能力であるとして従来のカント研究ではあまり省みられることがなかった。しかし、『純粋理性批判（*Kritik der reinen Vernunft*）』（1781/1787 以下、『第一批判』）から晩年の『人倫の形而上学（*Die Metaphysik der Sitten*）』（1796）に至るまでの議論を見てみると、人間の行為や社会理論に関する議論において、選択意志は消極的に扱われるどころか、むしろ『第二批判』以降の実践哲学的論考や『単なる理性の範囲内における宗教（*Die Religion innerhalb der Grenzen der bloßen Vernunft*）』（1793 以下『宗教論』）においては、再度『第一批判』における librum arbitirum の議論に立ち返りつつその性格が明らかにされている。また、英米圏の研究では、Allison（1990）や O'Neill（1989）など、カント哲学を合理的行為者性の概念から論じるものも存在するものの、やはり意志により重要性を認め、選択意志の役割を積極的に認めるには至っていない。

　本章は、カントの主張する合理的行為者性概念を人間の行為一般に関わるものとして示すことで、カント哲学のアクチュアリティを倫理的問題以外の領域へも拡張しようとするものである。それによって、カント哲学が示す合理的行為者性概念が、教育における「主体性」形成のための理念的基礎を与えうることを示すのである。

　本章の行論は次の通りである。第 3 節では、『第一批判』での選択意志に関する議論の前提となる、理性固有の領域としての物自体の成立について考察する。続く第 4 節では、第 1 節の議論を踏まえた上で、カント哲学の選択意志概念を「わたし」の基礎としての合理的行為者性として新たに意義づけることに取り組む。

　なお慣例に倣い、カントの著作の引用については、諸著作の略記[1]とアカデミー版の巻数・ページ数で示す。ただし『第一批判』からの引用については、巻数の代わりに第 1 版（1781）を A、第 2 版（1787）を B とし、それぞれのページ数を示す。また引用の訳文は、必要に応じて邦訳を参照しつつ筆者が作成した。

3 『第一批判』における物自体（Ding an sich）

本章では、カント哲学の合理的行為者性を考察するにあたり、『第一批判』での選択意志に関する議論の前提となる、理性固有の領域としての物自体の成立について考察する。

3.1 認識論のコペルニクス的転回と「物自体（Ding an sich）」

「人間理性は、ある種の認識において特殊な運命を有している。つまり、理性は或る問いに悩まされているのである。その問いは理性に対して、理性そのものの本性によって課せられているがゆえに解決することもできず、またその問いは、人間理性のあらゆる能力を超えているのである。」（ A I ）

有福（2014）が指摘するように、カントの主著である『第一批判』の目的の１つは認識論的な課題にあった。カントの時代の哲学は、デカルトらを代表とする大陸合理論の立場とロックらを代表とする経験論の立場との２つが合い争っていた。つまり、認識の源泉を思惟能力（悟性、理性）に求めるのか、それとも感覚と経験に求めるのかという立場の対立である。またカント哲学成立の背景として、ヒュームによる因果性原理への疑義――つまりは懐疑論的立場――があったことを、カント自身が「独断のまどろみ」というフレーズで告白している。つまり、カントの時代は、哲学が「終わりなき紛争の戦場」（AVIII）であったのである。

そうした哲学の混迷にあたって、カントは「理性能力の批判」によって、新たな哲学の姿を描き出そうとした。そしてその基礎となるのが、対立の場でもあった認識論をめぐる問題であった。カントによれば、私たちの経験や認識は、「私たちが対象から触発されるしかたで表象を獲得する能力（受容性）」（B33）としての感性（Sinnlichkeit）と、表象を自ら生み出す思惟的能力（角 2014: 181）としての悟性（Verstand）との協働によって成立する（B76）。つまり、認識はただただ対象の情報を受け取る受動的な作用ではなく、主体である私たちが対象に関与するという能動的な側面もあるということになる。「認識が対象に従うのではなく、対象が認識に従う」という認識をめぐる思考の大転換は、「コペルニクス的転回」として知られている。したがって、カン

トにとっての経験や認識とは、外界にある対象それ自体ではなく、私たちが認識作用を通して構成した「現象（Erscheinung）」であるということになる。

　そのため、カントは人間の直観は感性的なものであると繰り返し主張し、知的直観の可能性を否定する（B72; B135）。「直観（Anschauung）」とは認識の対象を与えるもののことであり、カントによれば、人間には感性的直観だけが可能である。有限な理性的存在者の認識は、その表象能力が客観によって触発されることを必要としている（B72）。また経験の成立にあたっては、表象に対して悟性が規則としてのカテゴリーを与える必要があるが、それのみではなんらの経験も成立し得ない（B146–147）。「内容を欠いた思考は空虚であり、概念を欠いた直観は方向を見失っている」（B75）のである。

　これは、私たちにとっての経験や認識が主観的なイメージに終始するということではない。なぜなら、認識の源泉としての諸情報は感性を通して受け取られるが、そこには感性を触発する"何ものか"が措定されるからだ。この"何ものか"を、カント哲学では「物自体（Ding an sich）」と呼ぶ。

　牧野（2014）が指摘するように、カント哲学においてこの物自体は非常に多義的に用いられており、一言でどのようなものかを説明しきることは難しい。ただ、ひとつ言えるのは、この物自体は、経験として認識することは不可能だということである。先にも述べたように、思惟能力のみによる認識は人間には不可能であるために、物自体のような思惟によってのみ措定される概念は、矛盾は生じないものの「あるもの一般に関する思考」（A252）という以上の意味を持たず、したがって「感性的直観を物自体そのものにまで拡大しない」（B310）ための限界概念（Grenzbegriff）として、消極的にしか使用され得ない。ゆえに、思惟のみによって形成された概念が、経験的認識の領域外になにか積極的なものを定立することは、カント自身も明言しているように不可能なのである。そのため、認識をめぐるカントの議論において、物自体は消極的に扱われてきた。

　しかし興味深いことに、思惟によってのみ措定される"対象"としての物自体概念は、議論が認識論から行為論、道徳論へと展開していく中で、理性固有の"領域"として積極的な役割が与えられることになる。つまり、カント哲学における物自体の性質は、（有限な）理性的存在者の性質が明らかにさ

れていくとともに、単なる限界概念以上の役割や意義が見出されていくのである。

3.2　物自体を"領域"へと拓く機制

そのためには、認識における限界概念でしかなかった物自体を、現象と対等なものとしてみなす枠組みが必要となる。それを開いていく議論が、「超越論的弁証論」(以下「弁証論」)における純粋理性のアンチノミー、とりわけ「自由」をめぐる第3アンチノミーをめぐる議論である。

「弁証論」は『第一批判』における認識論的章節の次にくるパートで、理性(Vernunft)の生み出す仮象(Schein)を暴き出すことを目的としている。カントにとっての理性とは「最上位の認識能力(obersten Erkenntniskraft)」(B355)であり、すべての認識は理性によって「思考の最高の統一」(同上)へともたらされる。つまり、理性は対象に対してあくまで悟性を通じて間接的に関わるのであって、直接に対象に関わって認識を形成するものではない(B671)。しかし、「条件付けられたものが与えられているなら、互いに従属し合っている諸条件の系列全体も、かくてまたそれ自身無条件的なものである系列全体も与えられている(すなわち対象およびその結合のうちに含まれている)」(B364)という想定のもと、理性は絶対的な統一を指向する。その結果として、「無条件な」「絶対的統一」を、単に理念でしかないにもかかわらず、"理論的には成立する"がゆえに客観的に実在すると誤って捉えてしまう。つまり、理性は「推論」という自らの領分を"行き過ぎて"しまい、ただ理論的に可能なものに「実在性」を与えてしまうのである。

アンチノミー(Antinomie)とはパラドックスの一種で、同等の根拠によって2つの相反する命題が同時に成り立つ事態をいう(石川 2014: 11)。つまり、世界に関する独断的な主張の対立が、本質的には対立として成立していないということを示すことによって、理性の"行き過ぎ"を暴露しようとしたのである。『第一批判』においては4つのアンチノミーが提示されており、それらは「数学的アンチノミー」と「力学的アンチノミー」との2つに分けられる。前者の場合、定立と反定立の主張はいずれも偽となるというかたちでアンチノミーが成立し、後者においては、定立・反定立それぞれの主張が

同時に真となることでアンチノミーが成立している。また、定立と反定立にそれぞれどのような学的立場を想定されているかにはさまざまな議論があるが、一般的には定立には合理論、反定立に経験論が措定されていると解釈されている。

　カントによれば、力学的アンチノミーにおいては、単に対立の仮象性を示すばかりではなく、その論証に「調停」の可能性が示されている（B557）。そして、その調停の結果は、物自体を積極的に意義づけることによって現象との両立を許すというものであった。しかし、先にも述べたとおり、認識論の段階では物自体は単に消極的に導入されるにとどまっていたはずである。物自体の積極概念としての転回は、どのように成し遂げられたのだろうか。

　『第一批判』におけるカントの議論の展開を踏まえるのであれば、アンチノミー章の行論における無限判断の役割を検討する必要があるだろう。というのも、無限判断に関する議論は、「純粋理性のアンチノミー」の第7節において行われているが、第7節は「自己自身との理性の宇宙論的争議の批判的決着」と題されており、ここにおいて、カントはアンチノミーの対立を超えた第3の立場への展開を主張しようとしているからだ。ハイムゼートは、「弁証的対立」に関するカントの「一方は他方に対して単に矛盾しているだけではなく、矛盾に必要なこと以上のことを語っているのである」（B532）という説明について、これが「第3の立場の成立」を示していると解釈している（ハイムゼート 1999: 397）。また石川（1996）は、無限判断により、Aについて、「Bではない何か」というより広い可能性が示されることになり、「述語的否定は、単なるコプラ的否定ないし論理的否定によっては得られないものをとらえることができる、と期待できるはずである」（同上: 32）と主張する。

　また、アンチノミーの行論全体という視点で考えると、福谷（2009）は4つのアンチノミーの順序と形式に着目し、アンチノミーとは、理性が自己の構造に物自体を孕んでいることを自覚する場所であると主張する（p.277）。福谷によれば、数学的アンチノミーと力学的アンチノミーではそもそも物自体の意味が異なる。数学的アンチノミーの物自体は現象と二者択一の関係にあり、そのため両者の両立は不可能である。一方、力学的アンチノミーの物自体は、現象の背後に考えられるものとして両立可能であり、むしろ表裏一体

の関係にある（同上：272）。この両者の違いは、論の進展に合わせて、次のように説明される。すなわち、数学的アンチノミーで物自体性を否定し、世界を現象であると規定することによって、理性は、現象を超え出ている。この数学的アンチノミーによって獲得された超現象的立場が、力学的アンチノミーにおける物自体である。したがって、福谷の解釈に従うのであれば、力学的アンチノミーの定立における叡知的なものは、決してカントの解釈のための方便や論証上の失態ではなく、むしろ、アンチノミーの議論を通して理性自身によって獲得され、新たに開かれた結果であるということになる。つまり、認識論における消極的な物自体概念が数学的アンチノミーを通して否定された上で、力学的アンチノミーを通して現象の背後に存在するものとして物自体が復活し、理性に固有の領域としての新たな意義が与えられたのである。

4　物自体の領域と「超越論的自由」
　　──合理的主体の理論的形成──

　物自体が理性固有の領域として新たに意義づけられたことで、『第一批判』における理性的存在者についての議論は大きな転機を与えた。それは、理性的存在者の能力が、認識の統合者という受動的なものから行為選択と自律という能動的なものへと転回するきっかけとなったのである。

　先にも見たように、認識論における悟性は、感性から与えられた表象を現象へと統合する能力である。つまり、悟性は必ず感性とセットで機能するのであって、悟性単独で能動的に何かを行うことは、言わば越権にあたるのだった。したがって、認識論の段階での合理的主体は、感性によるインプットを必要とする受動的なものにとどまっていた。

　しかし、アンチノミーを経て理性固有の領域が確立されたことにより、合理的主体については、悟性からより上位の認識能力である理性において考察されることになる。つまり、悟性によって統合された認識を踏まえて、理性的存在者がどのように自らの行為を形成し、選択するかが新たな課題となったのである。

4.1　自由と自然法則の両立可能性——第3アンチノミー——

　合理的行為者性の確立に大きく関わるのは、4つあるアンチノミーのうち、「自由」を主題とした3つ目のものである。ここでは「自然法則と両立しうるような、ある種の自発性が可能であるか」が主題となっている。

　定立の主張は「自然の法則に従う原因性は、世界の現象がそこからことごとく導出されうる唯一の原因性ではない。世界の現象を説明するためには、なお自由に基づく原因性を想定することが必要である。(A444/B472)」というものである。もし自然法則しか存在しないとすると、「生起するものは全てある先行状態を前提する」ため、存在するものは常に「単なる従属的なはじまり」（同上）となる。これは系列が「最初のはじまり」(B474)を有さないということであり、したがって、自然法則のみでは系列の完全性が保たれない。よって、自然法則のみならず、「自然法則に従って経過する現象の系列をみずから開始する、原因の絶対的自発性」、つまり超越論的自由（transzendentale Freiheit）が想定されなければならない。

　一方、反定立の主張は「自由は存在せず、世界における一切は、ひたすら自然法則にしたがい生起する」(B473)というものであり、徹底して自由を否定し、自然法則以外の原因性を認めない。すなわち、超越論的自由はなんらの先行状態をも必要とせずに系列を生成する「力学的に第1の始まり」（同上）であるが、それは因果法則（当然「自然に従う原因性」のこと）に反している。超越論的自由は「それに従えば経験のいかなる統一も可能ではないような［中略］、作用する原因が継起してゆく状態の結合であって、かくしてまた空虚な思考の産物である」(B475)。ただし、反定立にとっての自由とは、現象系列の因果を乱すものであり、定立の主張する自由の系列生成能力としての側面を無視しているという点は注意が必要である。

　この第3アンチノミーは力学的アンチノミーであるため、両者の立場は共に是であるということになる。したがってここからの課題は、自由による因果性（定立）と自然法則（反定立）との両立をどのように図るのか、言い換えれば、自由による因果性が現象系列にどのように関与できるのかという点にある。

　自由と自然法則との両立に関する議論は、B560以下にみられる。ここでカ

ントは、ある出来事の作用原因について、2つの「性格（Charakter）」が認められると主張する。まず第1は、その出来事が現象として自然法則に従う原因性である経験的（性格であり、第2に、それ自体は現象には属さず、ただその結果のみを現象系列に発現させる叡知的性格である。カントによれば、ある出来事が現象である以上、系列を自発的に開始する能力は全く存しないが、叡知的な原因性をある現象に対して考えることはできる（B571-572）。つまり、自由を自然法則の適用外となる理性の領域において確保することで、自然法則との両立を図ったのである。

　この叡知的な原因性に関して、興味深いことに、カントは認識論における統覚（Apperzeption）の作用に言及している。

> 人間は感性界の現象の1つであり、また自然原因である限りは、その因果性は経験的原則のもとに立たなければならない。そのようなものとして、したがって、人間はまた経験的性格を有する。［中略］ただ、人間は他の自然をすべてひたすら感覚を通してしか知り得ないが、自己自身を単なる統覚によっても認識し、また確かに、人間が感覚の印象にはまったく数え入れることの出来ない行為と内的規定において自己自身を認識する。また、人間は、自己自身にとってもちろん一方で現象の一部でありながら、もう一方では、つまりある能力の点からは、単なる叡知的対象でもある。（B574-575）

　つまり、現象の系列を捉える能力それ自体はそもそも超経験的なものであり、人間の認識行為それ自体は経験を超えたものである。ゆえに、カントは、人間が経験の外部に叡知的能力を有すること、少なくとも現象としての出来事に叡知的な原因性を認識することは可能であるとしたのである。

4.2　根源的自発性から行為者性へ
　　　——合理的行為者性としての選択意志——

　第3アンチノミーでは「現象系列の完全性」という宇宙論的な関心において語られていた自発性としての自由概念は、B660以下では、ある主体（Subjekt）

ないし存在者（Dasein）の有する能力として語り直されている。また、第3アンチノミーにおいても、定立の自由は、註解において「椅子から立ち上がる」という行為が例に引かれて説明がなされている（B478）。つまり、カントにとって、「自由と自然法則との両立」は、因果関係一般の問題から、理性的行為者の自由で独立した行為選択能力の可能性を問うことへと語り直されていくのである。

　そのため、カントは人間の実践的能力としての「選択意志（Willkür）」を問題とし、次のように述べている。

　　実践的な意味における自由とは、感性の衝動による強制から選択意志が独立していることである。なぜなら選択意志は、それが（感性の動因によって）受動的に触発されているかぎりでは感性的だからである。選択意志は、受動的に強制されうる場合ならば動物的なもの（動物的選択意志 arbitrium brutum）と呼ばれるのである。人間の選択意志は、たしかに感性的選択意志（arbitrium sensitivum）であるとはいえ動物的な選択意志（brutum）ではなく、自由な選択意志（liberum）である。感性が人間の選択意志による行為を必然的なものとすることはなく、むしろ感性的な衝動による強制から独立に自分をみずから規定する能力が、人間には内在しているからである。（B561–562）

　つまり、人間の行為は、感性的要因のみではなく、それから独立した能力によっても規定される。感性的要因による触発を受けつつも、なお人間の選択意志は自由な能力でありうる。そして、感性的要因から独立に自らを規定しうるということは、選択意志は、経験的領域における自然法則とは異なる、独自の法則体系を有しているということでもある。選択意志は、理性固有の領域から、独自の法則にしたがって「わたし」の行為を能動的に規定するのであり、その能動性は理性の能力に他ならない。したがって、選択意志とはまさに合理的行為者性（rational agency）であるのである。

4.3　意志と選択意志——カント哲学の合理的行為者性をめぐって——

　しかし、本章冒頭でも述べた通り、カント哲学における理性的存在者の能動性としては、選択意志のほかに意志（Wille）がある。そしてこれから概観するように、『第一批判』以後の実践哲学的諸著作では、選択意志よりも意志に議論の関心が集中していくことになる。では、選択意志と意志のどちらが、カント哲学にとってより基礎的な役割を果たしていると考えられるのだろうか。

4.3.1　カント著作における意志と選択意志

　まず、諸著作における両概念の扱われ方について見ていこう。

　『第一批判』においては、選択意志が人間にとって、行為を規定する動因を捉える能力として位置づけられている一方、意志に関する規定は「神的な意志」（B726）や「最上の意志」（B838）など、実践哲学における役割を予告するような不明瞭な記述に留まっていた。ところが、『道徳形而上学の基礎付け（*Grundlegung zur Metaphysik der Sitten*）』（1785　以下『基礎付け』）や『第二批判』などの実践哲学的諸著作では、次第に意志に関する規定や意義づけが目立っていくようになる。『基礎付け』においては、意志は「ある法則の表象に適合して自分自身を行為へと規定する能力」であり、「ひとり理性的存在者のうちにのみ見いだされる」（*GMS* IV427）。そもそも、『基礎付け』においては選択意志という概念自体がほとんど存在せず、この段階でのカントは、理性的な意欲能力一般について意志という語を当てていたと考えられる。実際カントは『第二批判』で意志を「自らの原因性を規定する能力」（*KpV* V15）と規定し、理性それ自身が意志の原因性の規定根拠となりうるかどうかを課題として考察を進めている。この理性の自己規定が「意志の自律（Autonomie des Willens）」であり、カントによれば、これこそが「倫理性の唯一無二の原理」（*KpV* V33）にほかならない。一方、選択意志は、意志の自律と対比的に他律的な原因規定能力（同上）として言及され、感性的原因を受容するという否定的な理性的行為者性の側面を担わされている。

　『第二批判』におけるカントの議論は、選択意志に経験的要因を割り当て、理性に基づく行為を、道徳的含意を有するものに限定してしまっているよう

にも理解できる。しかし『第一批判』において、選択意志は、感性的な衝動による強制からみずからを独立して規定する能力として規定されていたのであり、単純に感性的衝動を受け容れる能力ではない。言わば、"感性的要因の影響を受けうる"という、選択意志の消極的な側面だけが取り上げられ、積極的側面は意志のうちに組み込まれてしまったのであった。つまり、『第二批判』における意志概念は、『第一批判』で選択意志が有していた合理的行為者性としての性質をも有しているのである。

選択意志にふたたび積極的な概念定義が与えられるのは、『宗教論』以後の著作においてである。『宗教論』において、カントは、感覚的なものを通して選択肢を規定する客体や自然衝動などに、悪の根拠が含まれているということはありえず、むしろそれは、選択意志が自由の使用のために作る規則にのみふくまれうる、と主張する（R V19）。すなわち、『宗教論』の立場では、選択意志を行為規則（これをカントは「格率」（Maxime）と呼ぶ）の採択能力として捉えており、また、それが単なる感性的衝動によるものではなく、絶対的自発性に基づく自由なものであると主張している。また、選択意志の自由は、「無制約な命令としての法則により私たちの選択意志が規定されうることにもとづいてのみ、推論される」（R V49n.）とされ、『第一批判』において見られたような他行為可能性を示唆するかたちで説明されている。また『道徳の形而上学』の「序論」では、人間の欲求能力が「表象を通して、この表象の対象であるところの原因となる能力」（MS VI211）と冒頭で定義された上で、選択意志については『宗教論』以来の格率採択能力を認め、その一方で、意志はその超経験的な立法性が強調され、法則によって選択意志を規定する、という性格付けが見て取れる（MS VI226）。

このように、『宗教論』以降の議論においては、選択意志に対して自律性を認めつつ、意志に普遍的かつ超経験的な立法能力を割り振るというように、両者の性質の違いが明確化されている。しかし、確かに選択意志が意志とは別の概念規定を与えられていったとしてもまだ問題が残っている。つまり、意志の立法能力と選択意志の格率採択能力のいずれが、理性的存在者の行為者性として中心的な役割を果たすのかということである。意志概念に強く訴える『基礎付け』および『第二批判』ばかりではなく、明瞭に意志と選択意志

との概念上の区別を設けた『人倫の形而上学』においても、"意志が選択意志を規定する"という、意志により上位の役割を与える見解をカントが取っているように考えられる。実際、意志と選択意志との概念上の区別は、実践哲学的関心から多くの論者によって論じられており、様々な見解がある。

4.3.2 意志と選択意志との関係をめぐる問い

　一般的に、意志と選択意志との関係は、純粋実践理性たる意志が選択意志に対して命令する、という構図において理解されてきた。しかし、前節までの考察を踏まえると、むしろ意志のほうが特殊な概念であり、選択意志を基礎的な合理的行為者性とみなすことにはさほど問題がないように思われる。たとえばアリソンは、『基礎付け』および『第二批判』における意志には「全体としての意欲または意志の能力」という広義の用法と「その能力のある一機能」という狭義の用法があると指摘する（Allison 1990: 129）。そして、『道徳の形而上学』における意志と選択意志との概念上の区別は、狭義の用法のうち、立法機能という側面を前者に、執行機能という側面を後者に与えたものであるとする。また、伝統的には、ベックが意志に自律、選択意志に自発性を帰属させ、カントの自由概念の2つの側面が意志の2つの機能に対応するとの解釈を示していることを指摘するが、アリソンはこの解釈を斥ける。というのは、自律的であるのは意志であり、狭義の意志（立法能力としての）は、意志自体にではなく、選択意志に対する法であるからだ（p.132）。それを踏まえ、アリソンはベックの区別を次のように理解する。つまり、意志が自律的であるというのは、選択意志の自発性が特定の仕方で発揮された結果だというのである。また、選択意志について、アリソンは、カントが選択意志の自由における消極的概念と積極的概念とを区別していることを指摘する。そして、その積極的概念は、純粋理性、あるいは純粋意志による命令を基礎として行為する選択意志の能力として理解されるのであり、それは、格率が普遍的法則に適合しているという理由で格率を選び取る能力が選択能力に備わっている、ということに等しいと主張する（p.133）。

　しかし、選択意志が基礎的な合理的行為者性であることが示唆されても、意志の特殊性がどこにあるのかがまだはっきりしていない。この問題を難しく

している理由は、2つ指摘できる。まず1つ目は、『第一批判』における自由論が、まず"自然法則以外の因果性の可能性"という宇宙論的な関心のもとに論じられながら、自由概念の説明にあたっては理性的存在者の行為という限定された議論に移行しているという問題である。2つ目の問題も、1つ目の問題に関連している。『基礎付け』および『第二批判』における意志概念がきわめて広汎な意味を与えられていることは先に確認した通りだが、そのために、理性的存在者一般の有する欲求能力と、ある有限な理性的存在者の欲求能力とが十分に区別されずに議論が展開されているのである。

　1つ目の問題については、オニールの次のような主張が参考となろう。彼女は認識論における「第2類推」の行論に注目し、カントが因果性を論じるにあたり、私たちが主観的認知順序と客観的認知順序とを区別できることを基礎としていることを指摘する（O'Neill 1989: 62–63）。つまり、こうした区別が可能となるためには、そもそもそうした区別をするための視点が必要であり、私たちにはその視点――因果系列を相対化しうるような視点――があるというわけである。よって、「弁証論」に至るまでの議論にはすでに合理的行為者性を招来する構造が存在しており、超越論的自由についても、自然法則を相対化し、別の法則を付与する能力として、合理的行為者性と等しく考えることができるのである。

　2つ目の問題については、カントの関心が「純粋実践理性の存在」の証明（*KpV* V3）、つまりは理性能力それ自体のみで道徳法則を確立することにあったということから説明できる。『第二批判』のカントにとって、理性の欲求能力に見られる差異は本質的な問題ではなかったのである。そして、その差異に注意を払わなかった結果、「自律」に対する「他律」が、傾向性への傾倒へと単純化されているような印象を与えかねなくなっているのである。

　であるとすれば、私たちは今一度『第二批判』における意志をめぐる行論を検討し、その広範な概念規定から狭義の意志の特質を取り出してくる必要がある。

4.4　『第二批判』における意志概念の再検討

　『第二批判』の課題は純粋実践理性の存在証明であるが（*KpV* V3）、そのた

めにカントが取り組むのは、意志の規定根拠に関する議論である。カントは、「序論」において次のような問いを立てている。

 純粋理性は、それだけで意志を規定するのに十分なものでありうるか。あるいは理性は、ただ経験的に条件付けられたものとしてだけ、意志を規定する根拠となることができるのか。(*KpV* V15)

さきほども指摘したように、『第二批判』において、意志は「自らの原因性を規定する能力」(同上)というかなり広汎な定義を与えられている。そして『第二批判』の議論は、この意志の原因性に関して、「経験的に条件付けられたもの」だけではなく、理性それ自身もまた規定根拠になると主張することにある。

 問題は、その規定の様式である。カントの結論は、理性は、理性的存在者であるかぎり普遍的に妥当する法則の単なる形式を通して、意志の規定根拠として機能できるというものであった。この法則の単なる形式がいわゆる定言命法(kategorischer Imperativ)であり、それは、次のように定式化される。

 君の意志の格律が、常に同時に普遍的な立法の原理として妥当しうるように行為せよ。(*KpV* V30)

 定言命法による規定は、理性の自己立法能力が、理性の欲求能力を規定したものとして理解できる。先にも述べた倫理性の根拠としての「意志の自律(Autonomie des Willens)」とは、この定言命法による意志規定の状態のことを指すのである。カントは、定言命法による規定を受けた意志を「純粋意志(reine Wille)」と呼んで、単なる意志と区別を図っている(*KpV* V31; V55)。

 しかし、当たり前のことだが、人間が理性を行使するのは倫理的問題に直面した時ばかりではない。しかしカントの説明では、理性が意志規定を行うのは純粋意志となるケースのみであるかのような印象を受ける。実際、『第二批判』におけるカントの議論は、選択意志にそうした経験的要因を動因とする意志規定を割り当て、有限な理性的な存在者における理性に基づく行為を、

道徳的含意を有するものに限定してしまっているようにも理解できる。つまり、意志の自律を導く過程で、カントは、有限的存在者における傾向性と理性との関係を単純化しすぎているのである。

『第二批判』内部の問題として言い換えるなら、有限な理性的存在者の意志が、純粋意志として規定されるということが可能なのか、ということになろう。つまり、有限的な理性的存在者の意志は、純粋意志として定言命法によって規定された意志を参照するのであって、両者はまったく異なるものなのではないか、ということである。なぜなら、もし意志が道徳法則の体系を自己立法的に確立し、そしてその意志が確立された道徳法則の体系への漸近を志向するならば、「意志それ自身が意志への漸近を図る」というきわめて不可解な事態が生じることになるからである。

『第二批判』の議論は先に見たとおり意志の規定根拠の分析から始まるが、経験的な規定根拠に関して、それがまったく衝動や傾向性によってのみ意志を規定するものであるとはカントは主張していない。自己の幸福を目的とした行為であっても、そこには理性が介在しているのである。

この意志概念の二重性は、"(純粋) 理性の実践的能力" と "有限な理性的存在者の行為者性" として理解すべきなのである。すなわち、有限な理性的存在者の有限性とは、理性的能力の不足や欠乏ではない。そうではなくて、"経験的・感覚的な要素との協働を必要とする" という、『第一批判』の認識論以来の人間的合理性の特質を指しているのである。

カントは、有限な理性的存在者の場合、純粋意志を前提とすることはできても、選択意志の有する格率は、経験的な要素が混入する余地を残していると指摘する。そのゆえに、有限な理性的存在者は、倫理法則に対しては、「無限の接近」のみが許されている（*KpV* V32）。さらにカントは、意志が純粋意志であるならば、その実行能力については問うところではないと述べている（*KpV* V45）。また、道徳法則による自然を「原型的自然（natura archetypa）」（*KpV* V43）と呼び、それが我々の意志規定の模範として機能していることが論じられている。理性は純粋実践理性として、それのみによって倫理法則を確立することができる。しかし、有限な理性的存在者の行為者性は、理性単独では発揮されえない。感性的な動因の影響を受けるものの、それでも、感

性的な動因の強制を受けるわけではなく、そうしたものから独立して自らの行為を規定することが出来る。したがって、有限な理性的存在者の行為者性は、純粋意志を、理性固有の領域として開かれた物自体の領域において定立することができる。しかし、有限な理性的存在者の行為は、常に経験的なものの影響を受けるため、物自体の領域において定立された純粋意志がそのまま行為を規定することはない。ゆえに、有限な理性的存在者にとって、道徳法則を自己立法的に有すること、そしてそれを行為規定における前提とすることはできるが、完全に道徳的に行為することはできないのである。

したがって、『第二批判』における意志の道徳的側面は、人間の合理的行為者性としては特殊な状態であり、カント哲学における基礎的な合理的行為者性は、『第一批判』以来の選択意志と考えることができるのである。

5　今ここの「わたし」を支え、別のあり方へと開く主体
　　──合理的行為者性と「二世界説」──

前節の議論により、カント哲学の基礎的な合理的行為者性が選択意志であり、意志は定言命法による規定を受けた純粋意志として、選択意志に道徳的指針を与えるものであるということが明らかになった。このことは、カント哲学における物自体の意義をも新たにすることになる。なぜなら、合理的行為者性がただ道徳性にのみ関わるものではないのだとしたら、合理的行為者性の領域として開かれた物自体の領域もまた、「目的の王国（Reich der Zwecke）」（GMS IV433）のような道徳的共同体が理念として実現されうる場以上の役割が期待できるからである。

『基礎付け』の第3章において、カントは自由な理性的存在者の抱える「循環（Ziekel）」を指摘する（GMS IV450）。理性的行為者としての私たちは、自然法則とは独立した作用原因を自分たちの中に求めることができ、そのゆえに自由である。しかしその自由は、まさに理性的存在者としての私たちが独自の立法能力を有していることに担保されている。同様のことは、『第二批判』でも「自由は［中略］道徳法則の存在根拠（ratio essendi）であるけれども、道徳法則は他方自由の認識根拠（ratio cognoscendi）である」（KpV V5n.）というし

かたで表現されており、立法能力と自由とは「交互概念（Wechselbegriffe）」（GMS IV450）となってしまっているのである。

　では、この循環を抜け出す方途はないのか。カントの提案は、私たち自身を捉える「立場（Standpunkt）」を転換するというものであった。カントによれば、私たちは「単なる知覚ならびに感覚に対する感受性」という観点からは感性界（Sinnenwelt）に、「自らのうちにある純粋な活動性」という観点からは叡智界（Verstandeswelt）に属するものとして考えることができる（GMS IV451–452）。感性界と叡智界との区別は 1770 年のケーニヒスベルク大学教授就任論文にまで遡ることができる議論だが、前者が経験的認識の世界なのに対して、後者は理性によってのみ思惟された世界——物自体の領域——である。つまりカントは、純粋な理性的存在者としてのわたしと、具体的な状況に置かれたわたしというそれぞれの立場から自らの行為を認識することができるのだと主張することで、立法能力と自由との循環を断ち切ったのである。この議論の成否はともかくとして、理性的存在者が 2 つの立場を持つのだという主張は、合理的行為者性を基礎として形成される「わたし」の在り方に 1 つの示唆を与えると考える。この 2 視点説をめぐる議論の中で、カントは「理性的存在者は自らを叡智として（als Intelligenz）……［中略］……みなければならない」（GMS IV452）と述べているが、この「叡智」は、『第一批判』においても認識をめぐる議論の中で以下のように言及されている。

　　「私は考える（Ich denke）」は、私の現存在（Dasein）をなしていることを規定する働き（Aktus）を表現している。したがって私の現存在はすでにこの表現によって与えられているが、私がそれをどう規定するのか、つまりこの現存在に属する多様をどのように私に対して定立すべきかということは、そこからは与えられない。その答えを得るためには、アプリオリに与えられた形式であり、感性的かつ規定されるものの感受性に属するところの時間を根底に持つ自己直観が必要である。もし私が、その自発性をただ意識するのみであるような規定者を私のうちに、規定作用の働きに先立って与えるとしよう。ちょうどそれは、時間が規定されるものを与えるようにである。その場合私は、私の現存在を一個の自己活

動的な存在者のそれとして規定することはできない。そうではなくて<u>私は自分に対して、私の思惟の自発性、つまりは規定作用の自発性を表象</u>するだけであって、私の現存在はなお感性的なものに、つまりは現象の現存在として規定可能なものにとどまるのである。私が自分自身を叡智（Intelligenz）と名付けるのは、この自発性のためなのである。(B157n. 原典ゲシュペルトは傍点で表記、傍線は佐藤による)

　以上の文言は、「わたし」をめぐる認識のあり方をめぐる行論の中に見えるものである。カントは、対象の認識の問題の延長として、認識している「わたし」はどのように認識されうるのかについて考察している。カントの結論は、私たちはたとえ自分自身であっても、それを直接に認識しているわけではないというものである。つまり、「わたし」が誰であるかということも、私の思惟作用に対して感覚的情報が与えられ、統合されることによって成立するのである。

　それは裏を返せば、「わたし」が何者であるか、何を感じているかということは「わたし」についての事実ではなく、叡智としての「私は考える」——思惟の自発性であり、つまりは合理的行為者性——によって相対化しうるということである。合理的行為者性とは「わたし」の基礎であり、そこに立ち返る、あるいはその存在を触発することで、「わたし」やその認識は別様に開かれる。したがって「自分の行為の一切」を眺める認識＝行為の基礎的主体、つまりは合理的行為者性にとっての物自体の領域とは、経験的な世界に生きる「わたし」と、物自体としての「わたし」のいずれをも捉えうる視座を得ることによって、前者を相対化するための意義を持つ。カント自身の議論では、叡智界における「わたし」は純粋意志としての「わたし」であり、経験的世界の「わたし」に対して範型として機能するものであった。しかし、4節の議論によって、純粋意志が「選択意志の道徳的形態」であり、選択意志がどのように自らを規定するかは必ずしも純粋意志の影響を受けるものではないことが明らかになった。それはつまり、選択意志にとって、「わたし」のあり方もまた一種の物自体であり、経験的な「わたし」のあり方は、その都度の条件に応じて形成されてきたものにすぎないということである。いいか

えれば、「2つの世界」を眺めるとは、「実際のわたし」と「理想のわたし」を見比べるというようなものではなく、「実際のわたし」の向こうに「わたし」の背後にある合理的行為者性をたえず予感し、そのことによって、「実際のわたし」のあり方を見直していくということなのである。

6 まとめ

　本章では、選択意志の概念規定に着目し、カント哲学のアクチュアリティを倫理学的関心を超えて開いていくことに取り組んだ。

　第5節の議論によって、カント哲学は、「わたし」を相対化していくための理論的視座を与えうることが明らかになった。つまり、認識＝行為の基礎的主体としての合理的行為者性は、経験的な世界に生きる「わたし」を揺るがし、その向こうに物自体としての「わたし」を予感させることができるのであった。

　「わたし」が「わたし」であるということに耐えられないという人がいる。その一方で、「わたし」が見つからないという人がいる。この両者はまったく異なるように見えるが、いまここの「わたし」に違和感があるという点では根を同じくしているのではないだろうか。

　「わたし」を育てるということは、教育の意義の1つであると言える。しかし、それは「主体性」を育てることとは異なる。なぜなら、「わたし」がなくても「主体性」は育ちうるし、「主体性」がなくても「わたし」は確かに存在するからだ。「わたし」に耐えられない、あるいは「わたし」が見つからない、そうした学習者にとって、ある一定の社会規範を前提とした「主体性」を育てても、彼らの生きる力には全くならないだろう。

　もちろん、具体的な場で生きる以上、その場の規範や慣習などに慣れさせる必要はあるだろう。しかし、本当に育てなければならないのは、「わたし」を形成し、その都度違う「わたし」へと開いていく基礎としての合理的行為者性なのではないだろうか。そしてそれを捉えていくための良き伴走者として、カント哲学は新たに教育と手を携えていけるのではないだろうか。

　しかし、そこには大きな問題がある。それは、カント哲学が合理的行為者

性による「わたし」の相対化という理念を示すばかりで、その教育可能性については何ら述べるところがない。つまりこのままでは、カント哲学のアクチュアリティは画餅に着してしまうのである。

注
1) 諸著作の略記は以下の通り。
　　『純粋理性批判』：*KrV*
　　『道徳形而上学の基礎付け』：*GMS*
　　『実践理性批判』：*KpV*
　　『単なる理性の範囲内における宗教』：*R*
　　『人倫の形而上学』：*MS*

第 2 章　哲学と教育学、国語教育学の連続と断絶
（国語）教育学は哲学を「正当に」受容したのか？

1　問題の所在

　前章では、カント哲学の合理的行為者性が、今ここにある「わたし」を相対化し、多様にひらいていくという教育的課題に対する可能性を有することを明らかにした。

　本章では、哲学と教育との関係について、今度は教育の側から考察することに取り組む。とりわけ本章で問題にしたいのは、教育学および国語教育における哲学思想の受容態度である。

　前章でも触れたように、教育学を境に、カント哲学と国語教育との間には断絶が見られる。そしてこの断絶は、二重の断絶を孕んでいるように思われる。第 1 に、カント哲学が国語教育をはじめとした教科教育へと接続されていないという断絶であり、第 2 に、国語教育が教育学とは独立したかたちで哲学思想を受容しているという断絶である。この断絶の理由は当然哲学の側にもあるが、では、教育学の側には問題はないだろうか。教育学と哲学という 2 つの学問同士の関係は、これまでどのように構築され、課題を抱えてきたのだろうか。

2　研究の方法

　哲学と教育学との関係を考察する方法として、本章では、両者の関係に関わる以下の 2 つの事例を分析し、その構造と課題を明らかにする。

　まずはじめに、J.F. ヘルバルト（1776–1841）の学説に着目し、カント哲学の教育学的継承とその課題を考察する。ヘルバルト教育学は日本教育学の草創期において大きな影響力を有していた一方、すでに明治期において批判

の対象とされており、今日の教科教育研究においてはもはやほぼ省みられることは無くなっている。少なくとも近年の国語教育研究に関しては、明治期の「習字」「書キ方」指導法の確立における五段階教授法の影響を指摘した松本（1989）や、「国語科」成立におけるヘルバルト派の影響を分析した山本（2007、2011、2013）の一連の考察など、歴史研究の文脈から対象とされることが多い。しかし、国語教育はそうそう簡単にヘルバルトを歴史的な事実として良いのだろうか。そもそも、国語教育は十分にヘルバルトを受容し、そして適切に葬り去ったのであろうか。松本（1989）が指摘するように、教科教育におけるヘルバルトは主に指導法として、しかもヘルバルト自身の学説というよりはラインを中心とした「ヘルバルト学派」の理論をベースに受容が進んでいた。また山本（2007）によれば、明治期におけるヘルバルト受容においては、「品性の陶冶」が忠君愛国的な国家道徳として変容しており、本来のヘルバルト学説と日本明治期における「ヘルバルト学派」理解との間には乖離がある可能性がある。本章では、ヘルバルト学説の本質をカント哲学の批判的継承として解釈することで、カント哲学と教育学との融合的関係とその課題を描く。

　続いて、ヘルバルト以後の国語教育における哲学受容の状況を考察することで、国語教育の哲学受容における態度とその課題を明らかにする。文学教育の理論研究において、文学理論とならんで、哲学は常々で参照されてきた。しかし、その受容が学際的な性格を十分に有する仕方で行われてきたかについては、議論の余地がある。とりわけ解釈学の理論は、垣内松三や西尾実という国語教育学の源流において受容されたことをきっかけとして、今日に至るまで、文学教育に理論・実践の両面から大きな影響を有している。近年では、鶴田清司が「新しい解釈学」に依拠した〈解釈〉と〈分析〉による文学教育を提唱し、長らく内容重視であった文学教育に対し、言語技術教育的アプローチの重要性を提起している。また、言語・論理に関する哲学に関しては、丹藤博文が、ウィトゲンシュタインを踏まえつつ、国語教育の「言語論的転回」を長年にわたり主張している。また、哲学理論ではないが、テクストと読者との関係に着目する読者論の立場も、1980年代以降根強く影響力を有している。いずれの立場を取るにせよ、テクストを「読む」ということが

客観的対象としての作者の意図や作品内容を精緻に読み取るということではなく、読み手自身の体験として文学作品を位置付け、それを学習価値としていこうとする意図では共通している。しかし、そうした目論見の中で、文学教育が時として、本来の意図とは異なるかたちで異領域の学説を受容し、利用してきたということも否めない。そして、そのように（意図的にしろそうでないにしろ）異領域の学説を自説の補強のために用いることにより、以下の2つの問題が生じている。第1に、引用する等の学説の本来の意義や効果が十分に発揮されないということ。そして第2に、独自の受容を行うことが、かえって学説自体の見通しや理解を妨げているということ。言い換えれば、本来異領域の学説を用いることによって期待されるような学際的シナジーが発揮されないばかりか、むしろ当の引用・参照された側の学説からは国語教育の問題にアクセスし得ないような状況になっている。ここでは、戦前・戦後を通じて文学教育に対して影響力の強い解釈学を視点として、その受容上の特徴と問題点を考察する。

　なお、ヘルバルト著作からの引用については、ケールバッハ版全集（Herbart. J.F.（hrsg. v. Kehrbach. K）（1887–1912）*Johann Friedlich Herbarts Sämtliche Werke in Chronologischer Reihenfolge 19Bde*. Langensalza: Hermann Beyer & Söhne. 略記：*K*）の巻数およびページ数で引用箇所を示す。また引用の訳文は、特別な表記のない限りすべて筆者によるものである。

3　カント哲学とヘルバルト教育学
　　　——カント主義者としてのヘルバルト？——

3.1　ヘルバルトの思想的背景——超越論的な哲学との対決——

　杉山（2001）は、これまでのヘルバルト受容が「教育学者」としての側面にとどまってきたことを指摘する。彼の思想形成史を辿ると、その初期にはイエナ大学在学期におけるフィヒテへの傾倒など、哲学があった。ちなみに、自身の哲学的テーゼの表明により観念論哲学との決別を宣言した1802年は、『ペスタロッチの直観のABCの理念（*Pestalozzi's Idee eines ABC Anschauung untersucht und wissenschaftlich ausgeführt*）』を発表した年でもある。つまり、

彼の教育学説の形成は、当時の観念論的な思想風潮への訣別とほぼ並行に行われているのである。したがって、ヘルバルト教育学の特質を理解するためには、ヘルバルトの哲学思想の形成とその特質も文脈として捉えていく必要がある。鈴木（1990）によれば、ヘルバルト哲学の独自性は次の2点にある。第1に、存在−所与という二元論的関係を、実在論的に一元論へと解消したこと。そして第2に、主観−客観の同一という観念論的テーゼを否定し、自我を真なる実在をそのまま映すものとして捉えたこと。また杉山（2001）は、「見る」というモチーフが、教授研究の端緒として機能していた可能性を指摘している。杉山によれば、表象の把握とその変容は、道徳的陶冶としての教育へと接続していく。そして、時系列的考察からも、数学やペスタロッチの直観理論への接近は、こうした「見る」ことへの関心と関連づけられるのである。

　こうしたヘルバルト問題意識や関心の背景には、カント哲学に端を発する当時の哲学の超越論的（transzendental）な傾向への反感があった。ヘルバルトにとって、超越論的な哲学の問題の第1は、因果論的な問題があった。超越論的な哲学では、人間の行為・選択の源泉を、感情や感覚だけではなく、人間の思考能力に求めようとする。つまり、人間の理性的判断は、感情・感覚など、生理的反応のような自然法則の影響を受けないものであるということだ。ヘルバルトによれば、こうした理解のもとでは、教育ということ自体が不可能になる。なぜなら、理性的な能力が経験的世界を超えたところにあるのなら、教師から子どもに経験的・具体的に働きかけることによって、理性的主体としての能力を伸ばすことはできないからだ。こうしたヘルバルトの超越論的な哲学に対する否定的な姿勢は、多くの先行研究においても共有されている。しかし、問題は、ヘルバルトの言う「超越論的な哲学」とは何かである。

　ヘルバルトは『教育学の暗い側面について（*Ueber dunkle Seite der Pädagogik*）』（1812）において、次のように述べている。

> これら［訳註：超越論的自由の教説］は、あらゆる教育学に一貫性のなさという代償を支払わせることになるに違いない。なぜなら、自由の叡

智的な行為は、どんな時間因果性のもとにも立たないが、教育は、我々がそれにおける時間的始まりと進展、つまり教育者と学習者との因果的関係を度外視して考えると、我々にとって、完全には理解し得ないものとなるからだ。従って、教育学は、カントやフィヒテ、シェリング以外の哲学と関係を持つ。いわんや、ライプニッツ哲学とは関係を持たない。というのは、予定調和説のもとでは、教育者と学習者とには、神性（Gottheit）を通じて互いに通じ合う以外に道が残されていないということになってしまうだろうからである。（*K* III 151）

つまり、彼は自身の立場について、カント・フィヒテ・シェリング・ライプニッツとの違いを強調しているのである。もちろん、すでに多数の先行研究が、ヘルバルト学説とその哲学的テーゼとの影響関係を指摘しており、論点自体は、さほど珍しいものではない。例えば杉山（2001）は、ヘルバルトが学び、そして決別していったのが、フィヒテを始めとする当時の「観念論的」哲学であったことを指摘する。よく知られているように、ヘルバルトははじめ哲学を志し、イェーナ大学でフィヒテ知識学と出会い、傾倒した。しかし、次第にその思弁的傾向に疑問を抱くようになり、実在論的な独自の哲学を形成するに至った。

　確かに、彼の哲学は単に「観念論へのアンチテーゼ」と一言で片付けられるほどに単純なものではない。むしろ、その学説は当時の哲学的思想の影響圏内にありつつ、かつ非観念論的な方向を志向したため、結果として、ある意味で混淆的な性格を有しているようにも見える。今日、西洋哲学史研究の文脈でヘルバルトが語られることはほぼないに等しいが、それは、彼の思想が「独自性を有する」までには見なされていないという事情が指摘できる。

　彼の思想の位置付けや特質を考える上で特異な地位を占めているのがカントである。先の引用にあっては、多くの先行研究が、ヘルバルトの学説に対するカントからの積極的影響を認めている。たとえば、是常（1966）は、ヘルバルトの学説を「ペスタロッチ——教育学とカント哲学との最初の結合点」と評価し、ヘルバルトを明確にカント学徒として位置付けている。そして、批判哲学の継承者としてのヘルバルトの性格を、心理学と倫理学双方の系譜的

整理から論じている（pp.136–138）。また、ガイスラー（1987）は、ヘルバルトにおけるカントの役割を大きく捉えており、ヘルバルトは主体の自律性を理念的に救おうとしただけでなく、教育学的に実現しようとしていると説明している（pp.343–345）。つまり、ヘルバルトにおけるカントは、単にその当時有力だった超越論的な哲学のひとつ（であり、批判の対象）としてだけではなく、ヘルバルト学説の根幹をなすものとして理解されなければならないのである。

3.2　ヘルバルトのカント批判とその教育学的発展

ヘルバルトから見たカント哲学の問題は、以下の2点に整理できる。

第1に、カントの主張に従えば、私たちにとっての認識とは常にある種のイメージとなり、経験によっては実在を与えられなくなってしまう。第1章でも確認したように、カントにとって、認識は、感覚と思考が協働することによって成立する。そしてその背後には「物自体」（Ding an sich）が単なる思惟によって措定されるが、この物自体概念をどう扱うか、さらに言えばどのように解消するかは、カント以後のドイツ思想の大きなテーマとなっていた。カント哲学は物自体を措定することによって成立するが、そもそも批判哲学は理性の独断に基づくような理念を仮象であると看破することにあったのだから、物自体の措定はカント哲学に矛盾をもたらすと考えられたのである。フィヒテやシェリングらの学説も一面ではカント哲学の観念論方面への批判的発展と言えるが、その時代を生きていたヘルバルトにとっても、「物自体」の克服は大きな問題であった。

第2の点も、理性固有の領域として積極的意義を与えられた物自体に関してである。第1章で触れたように、カントは理性固有の領域において意志の自律が実現されることにより、理性的存在者の倫理的原理を、理性によってのみ確立しようとした。その結果、カント哲学における道徳規範は私たちが経験的には触れ得ない場所に置かれ、それが具体的な道徳性の育成を不可能にしてしまっているとヘルバルトは考えた。ヘルバルトにとっての教育とは第一に道徳的陶冶の問題であったが、その道徳性が経験的に触れ得ないということは、教育するということそれ自体がまた不可能になってしまうのであ

る。

　まとめると、ヘルバルトはカントからの強い影響を受けつつも、カントが思考能力の批判を通して学説の中に呼び込んでしまった物自体（の領域）を、教育の可能性を損なうものとみなした。これらの問題に対してヘルバルトは、以下のように「物自体」や叡智的領域を回避することで、学説の発展を図ろうとした。

　ヘルバルトはカントの超越論的な認識論を批判したが、それは直ちに、ヘルバルトが「認識が対象に従う」という素朴実在論的な立場をとるということではない。むしろヘルバルトも、カント同様に、認識することを、認識する主体の側の能力によって説明しようとした。

　私たちが何かを認識するということは、外界からの作用に対して私たちの魂が反応しているということだとヘルバルトは考えた。ガイスラーが指摘するように、ヘルバルトにとって、表象とは「魂の反作用」なのである（ガイスラー1987: 170）。つまり、ある認識が成立する時、私たちはただ外界からの情報を受動的に統合するだけではなく、能動的にも関わっている。また、魂の内実が変容することによって、認識として成立するものもまた変容することになる。このように考えることで、なぜ我々の認識には常に主観的な色付けが行われることになるのかが明らかとなる。そして、認識が「表象する能力」としての魂の作用であるとすると、外界から影響する何ものかは、魂と等しく実在性を持つ。なぜなら、作用−反作用の関係は実体同士の間で成立するからだ。したがって、認識主体としての魂が、反作用として獲得しただけの認識が世界であって、その外部に「思考によってのみ想定される何ものか」としての「物自体」を置く必要はない。つまり、ヘルバルトは、実在としての世界を所与として認めつつ、それを表象（作用）を通して獲得し、修正していくこととして、認識を考えたのである。ヘルバルトにとって、哲学とは「概念の修正（Bearbeitung der Begriffe）」に他ならなかった（*K* IV 45）。そして、この表象作用における能動性が人間の根源的な活動原理であり、それをヘルバルトは「興味（Interesse）」という概念によって教育学の中に位置付け、促進していくことを試みるのである。鈴木（1990）によれば、興味とは、一定の方向性を持つ心の状態として理解され、その活動性をどう広げ、かつま

た促進することが、ヘルバルト教育学の目指すところであった（pp.138–140）。したがって、「明瞭–連合–系統–方法」のいわゆる四段階説も、魂＝主体としての子どもの、表象あるいは経験、行動の成立に関する心理学的プロセスとして理解されるべきものなのである。

　そして、ヘルバルトにおける道徳性も、こうした認識論的人間形成の先に成立する。ヘルバルトもカント同様に、宗教などの外的規範によってではなく、人間の内的規範に基づいて道徳性を担保しようと試みていた。しかし、カントが「理性的存在者」である限り有している理性の能力とその固有の空間において道徳規範を確立しようとしたのに対し、ヘルバルトは、「美観的判断」を基礎として、認識の問題として道徳性を確立することを提案した。言い換えれば、道徳的陶冶とは、畢竟、広い意味で「見る目を養う」ことであり、その認識の更新を促進することが教育の役割であるとヘルバルトは考えたのである。

　以上、まとめると、ヘルバルトの問題意識は、カントが「理性の領域」という経験的に認識不可能なものを持ち込むことにより、経験的な領域における人間の根源的能力の促進が図れないことにあった。そしてそれをヘルバルトは、所与としての世界を前提とし、認識する主体が陶冶されていくというモデルを提案することによって、またその道徳判断を、美観的判断という認識論的課題として提示することにより、カント哲学の観念論的性格を克服しようとしたのだった。

3.3　ヘルバルト主義の終焉と断絶

　ここまで、ヘルバルト学説のカント主義的性格を明らかにしてきた。その結果、ヘルバルトが「認識による主体の陶冶」によって、経験を通して学習者が成長していくモデルを形成したことが明らかになった。つまり、ヘルバルトの教育学は、認識の変容から、世界と対峙する合理的行為者性、の形成を目論むものであったと考えられるのである。

　しかし、先述のように、ヘルバルト学説はその受容と発展の末に、カリキュラム論的な形式主義との批判を受けるに至った。それは1つには、ヘルバルト学説がヘルバルト主義として体系化が進展していく中で、カント学説

の教育学的発展としての主体形成の問題が見落とされ、教授論的関心に中心が移っていったことが指摘できる。山本（1985）の指摘にあるように、とりわけ明治期の日本においては、ヘルバルト自身の学説はその難解さから敬遠され、ラインによる「五段階教授法」やその変容としての「三段教授」ばかりが積極的に受容されることにもなった。

　また山本（2011）が指摘するように、国民国家形成への意識が強まる明治30年代後半には、ナトルプなどに依拠した社会的教育学の立場から、ヘルバルト派の教育学は、「子ども＝「個」の内面の陶冶を目指すあまりに、集団としての社会性、それを踏まえての共通の倫理性の育成にそぐわない」（p.44）と批判されることになる。つまり、ヘルバルト学説がカント哲学から批判的に受容した、認識による合理的行為者性の形成という理念は、学説が形式的に受容されたことと、そして明治日本という時代的趨勢に伴い批判を受けたこととの2つの要因から、日本においては継承されることはなかったのである。

4　ヘルバルト以後の国語教育における哲学受容とその課題
　　　——解釈学を例として——

　では、ヘルバルトを批判した国語教育は、哲学を必要としなくなったのだろうか。そして合理的行為者性や「認識」といった問題もまた、国語教育においては等閑視されることになったのだろうか。

　もちろん、そんなことはない。戦前期において垣内松三や石山脩平が解釈学を背景として国語教育を論じていたように、国語教育は自らの議論のために哲学を必要としてきた。また浜本（1978）、田近（1999、2013）などが描くように、戦後の文学教育は、まさに垣内らによって構築された解釈学的国語教育を乗り越えるために、「主体性」や「認識」をキーワードとして議論を展開してきた。

　問題はその受容態度である。先行研究に基づきつつ確認したように、ヘルバルト学説は「学説の形式的受容」と「時代の趨勢」との2つの要因から、次第に教育への影響力を失っていった。では、その後の国語教育は、良き伴

走者としての哲学を得たのだろうか。それは形式的な受容にも、一時の「流行」にも陥らなかっただろうか。本節では国語教育の哲学受容の在り方を、戦前・戦後を通じて文学教育に対して影響力の強い解釈学を視点として、その受容上の特徴と問題点を考察する。

4.1 文学教育論の礎としての解釈学理論とその発展的受容
　　　──鶴田（2010）を例に──

　浜本（1978）、田近（1999、2013）など、多くの文学教育史研究が指摘するように、日本における文学教育の伝統は、多分に解釈学的な議論に支えられるかたちで成立し、発展を遂げてきた。

　府川（2000）は、文学教育において「主題」指導が根強く影響を保ってきたのも、垣内松三の提唱した形象理論と、それを発展させた西尾実の「主題・構想・叙述」による教材分析方法が、教師用指導書を通して広く行き渡ったためと述べている。そのため、読むことを「読者主体」の創造的行為であると考える読者論や、「一読総合法」を取る学習者言語研究会など、解釈学的文学教育論は、出発点であると同時に、さまざまな立場からの批判も同時に多く寄せられた。加えて田近（1999）が指摘するように、大河原（1968）の「状況認識の文学教育」や奥田靖雄らによる教育科学研究会による科学的な読み方理論の研究なども、「解釈学的」な西尾実の国語教育論に対するアンチテーゼとして提唱・発展してきたものである。つまり、文学教育史とは、一面では、解釈学的体系からの脱却あるいは相克としても理解できるのである。

　鶴田（2010）は、文学教育理論の出発点としての解釈学理論を批判的に考察し、その上で、〈解釈〉と〈分析〉との統合としての文学教育論を、「新しい解釈学」に依拠しつつ構築することを試みている。

　鶴田によれば、〈解釈〉とは「読者の生活体験に基づく既有知識（前理解）をもとにテキストを対話的・歴史的・状況的に理解する」という読みであり、〈分析〉とは、「理論的．科学的な知識（コード）をもとにテキストを還元的・共時的・技術的に理解する」という読みである（p.668）。同著において、鶴田は、まず文学教育における〈解釈〉概念の定位を背景思想としての解釈学受容の分析を通して行い、その上で、これまでの文学教育において軽視され

てきた「形式」としての読解・分析の技法について、アメリカの言語技術教育を念頭に置きつつ論じる。つまり、文学の「読み」における「内容」面を解釈学から、「形式」面を分析技法から論じ、その上で両者を止揚することで、「内容主義」と「形式主義」という文学教育の二元論を克服しようというのである。

4.1.1 〈解釈〉の問題——文学教育の背景理論としての解釈学——

まず鶴田は、文学教育理論の出発点としての垣内松三・石山脩平・西尾実の分析から、背景理論としての解釈学とその理解・受容のあり方について検討を加えている。

鶴田は、彼ら 3 人が依拠していたシュライアーマハー、ディルタイらの学説を「旧来の解釈学」と呼び、「人間相互の共通性に基づいて作者の精神（意図・思想・感情など）の追体験的な理解をめざす『心理主義』的な」（p.90）理論であると指摘し、それに依拠した 3 人の主張にも共通して、テクストから「作者の意図」や「作者の精神」の理解を目指そうとするような作者中心的な性格が強く存在すると述べている（p.79）。つまり、学習者にとって主体的で切実な問題として文学を「読む」ということ、また作品と学習者との"対話"・"交流"ということは、「旧来の解釈学」の文学教育からは期待できないというのである。

彼らの思想的影響圏を脱し、新たな文学理論を構築するために鶴田が導入するのが「新しい解釈学」である。この「新しい解釈学」とは鶴田自身の命名によるもので、具体的には、ハイデガー、ガダマー、ボルノー、リクール、キュンメルらの解釈学が含まれるとされる。「新しい解釈学」が「テクストを「自律的」なものと見て、「テクストの事柄」（ガダマー）ないし「テクスト世界」（リクール）に関与・参加すること、テクストと「生きた現在の対話」をすることを通して過去の作品と現在の読者との間に「創造的な架橋」をすること、作者の意図とは「別様に理解する」ことが目指されている」（p.91）という性格から、「読者の役割」を重視する国語教育を提示しようとする。つまり、「旧来の解釈学」ではできなかった、"テクストを超え、自分の問題として文学を読んでいく"ことが、「新しい解釈学」によって可能になると鶴田は

主張するのである。

4.1.2 〈分析〉の問題——文学を読む方法——

しかし、「自分の読み」への重視は、いわゆる「読みのアナーキー」の問題に陥る可能性がある。そのために、鶴田は「テキストそのものの〈分析〉という客観的な手続きを加えることによって〈解釈〉の妥当性・適切性を高める」（p.91）という意図から、言語技術教育との相補的関係を強く主張する。

鶴田は、これまでの国語教育、とりわけ現場実践のレベルにおいて、言語技術の指導が定着してこなかったことを問題提起する（同上）。しかし、鶴田自身がスキーの例を引いて主張するように、文学も「読みの技術」あってこそ、より「深い」読みが達成されうる（p.389）。言語技術教育的な教育は形式主義に陥るとの批判もあるが、鶴田は「テキストに何が書かれているかだけではなく、テキストがいかに書かれているかを〈分析〉し、読者（自分）とのかかわりで表現の工夫や効果を考えることを最終的な狙いとすべきである」（p.91）とし、井関義久などの「分析批評」の授業を高く評価する。

4.1.3 〈解釈〉と〈分析〉の統合

以上の議論から、鶴田は、〈解釈〉と〈分析〉の統合に、相互に関連しあう以下の3原則を指摘する（p.521）。

- 相補性の原則：〈解釈〉と〈分析〉は互いに補い合い、組み合わされながら進行していく
- 媒介性の原則：〈分析〉は〈解釈〉をよりよく展開させる上での媒介的契機を与える
- 包含性の原則：〈解釈〉は存在論的な概念なのに対して、〈分析〉は方法論的な概念であり、前者の方が後者を包含するより根源的な理解のあり方である

また、これらの原則により、統合は〈解釈〉→〈分析〉→〈解釈〉という過程によってなされることが望ましいと指摘する。つまり、初読の感想に対して構造的・技法的アプローチからも作品に迫ることで、より豊かで深い作品理解をもたらしていくべきだというのが、鶴田の主張なのである。

以上、鶴田（2010）に依拠しながら、文学教育における解釈学の影響および受容と、それに対する「新しい解釈学」にもとづく鶴田の提案について概観した。

4.2　国語教育における思想受容の問題とは何か

鶴田の行論を振り返ると、鶴田の主張の出発点は、国語教育が「旧来の」解釈学を長らく受容してきたという「学習者とテキスト」との関係性をめぐる問題と、文学教育における「言語技術教育」の不在という問題とにあった。そして、その両者を「新しい解釈学」によって統合しようというのが、この〈解釈〉と〈分析〉による文学教育理論の目論見であると整理できる。

主題学習的な「正解到達主義」でも、ポストモダン的な「読みのアナーキー」でもなく、学習者が自分の問題として読み、かつ、その「読む」という体験がより広範で応用可能な言語運用能力の学習の機会として位置づけられるべきだという鶴田の提起には強く同意する。しかし鶴田の議論には、国語教育における哲学思想受容の問題点が典型的に現れてもいると筆者は考える。

第1に、「旧来の」解釈学について、鶴田が批判するように、国語教育は「受容」と呼べるほどに解釈学を援用していたのかという問題である。つまり、国語教育の問題や関心を科学的議論として成立させるにあたり、哲学説が援用されてきたのではないか。鶴田はそのとき、国語教育にとっての哲学は、同じ問いを共有するパートナーではなく、単なる道具に位置付けられていないだろうか。

第2に、同じことを、鶴田自身が「新しい解釈学」という概念装置のもとに行っていないかということである。言い換えれば、「新しい解釈学」の名の下に、ガダマーやリクールが国語教育の言わんとすることのために受容されてはいないだろうか。

そしてこれらの問題は、3.3でヘルバルトが国語教育に葬り去られた理由と、構造を同じくしているように思われる。振り返ると、明治日本においてヘルバルトが享受された理由としては、道徳的陶冶を目的とした教育理論が「忠君愛国」を是とする当時の国家的な教育方針に呼応うるものと解釈された

ことと、具体的な教授法を与えるものとして重宝されたということがあった。しかしながら、まさにその体系化された理論を教授法として受容し、さらに子どもの「根源的な主体」を育成することを企図するがゆえに個人主義的との批判を受けたがために、ヘルバルトは教育への影響力を失っていったのであった。つまりヘルバルトは、その学説自体が受容されたわけではなく、教育の目的に対する手段として受容されていたのだった。鶴田の議論には、解釈学受容の批判と、鶴田自身の「新しい解釈学」の提案とという二重のかたちで、国語教育における哲学思想の道具的援用という課題が図らずも露見していると言えるのである。

　哲学とは言わば、日常の営みの間隙に現れる、自分の持ち合わせることばを越える経験・対象としての「ことばにならない何か」を、思惟によって捉えていこうという試みである。そしてその真骨頂は「ことばにならない何か」を言語化できるということではなく、「ことばにならない何か」を扱いうるということにある。それはカントが人間理性をもってして、その人間理性の限界と認識の背後にある物自体を問題化し、価値づけていったようにである。しかし、ただ単に思考ツールとして単純化・概念化された哲学では、その真骨頂には十分に到達できない。つまり、国語教育が哲学を単に自らの主張のために援用している傾向にある限り、国語教育は哲学と問題意識を共にしているとは言い難いのである。

5　哲学と国語教育とのこれから──「開いた体系」としての国語教育学──

5.1　国語教育にとっての哲学とは何か──学的自立とその限界──

　しかしながら、たとえ道具であるにせよ、国語教育が哲学を必要とするだけの切実さもあると筆者は考える。つまり、国語教育の課題は、哲学を援用しなければ語ることができないようなものなのではないか。

　西尾（1951）によれば、国語教育は「教育学の応用部門である、各科教授法のひとつ」「国語学・国文学の準備としての学習指導」であり、「単なる技術であり、指導の方法でしかなかった」（p.33）。その上で西尾は、国語教育は「彼と我とにおける伝統の別も、言語社会発達の差も考えに入れないで、いき

第 2 章　哲学と教育学、国語教育学の連続と断絶　47

なり、先進国の技術と方法にふれてこれを絶対視し、無批判に摂取しようとして、一時の流行を成」すような態度を脱して、「もっと根本から出発した、一個の学問的探究」（p.37）としての国語教育学を樹立していくべきことを訴えている。また望月（2010）は、岩手大学に着任した 1980 年初頭ごろの話として「『教科教育学（もちろん国語教育学も）など「学問」ではない』ということを直接・間接にも随分と言われた」ことが自身にとって「『何としても、国語科教育学を自立させなければならない』という思いと、では、『教科教育学（もちろん国語科教育学も）など「学問」ではない』という際の『学問・学』とは何かについての根本的考察を求められた」契機となった次第を語っている（p.21）。戦後直後の西尾と 1980 年初頭の望月の間には 30 年弱の時間が流れているが、その間にも西尾の課題はなおも解決していなかったことが窺える。

　では、それからさらに 40 年後の令和の国語教育学はどうか。森（2022）は、「国語教育学の理論的研究は、実践に先立ち、予め実践の方向性を指示するだけでなく、既に為されている実践を理論的に基礎づけるために、広い分野の背景理論を渉猟した末に創出される性質のものでもある」（p.505）とし、国語教育学研究は構築主義的性格を持つことを主張する。構築主義とは知見の比較——あるいは典型化——を目的とするスタンスである。それに対するのが論理実証主義であり、こちらは、「授業（実践）によって理論を検証するという仮説—検証型」（pp.507–508）のアプローチである。また森は 2011 年から 2020 年の『国語科教育』（全国大学国語教育学会）の「研究論文」カテゴリを分析し、国語教育学の理論的研究において、論理実証主義的傾向が未だ優勢であることを指摘している。つまり、令和を迎えてもなお、西尾の国語教育学は未だ課題にとどまっている可能性があるのである。

　そして、西尾や望月、森の主張からは、学としての国語教育学の「苦しさ」を垣間見ることができる。つまり、国語教育学は教育学や国語学、国文学といった「親学問」からの自主独立を試みる一方、そのために、周辺諸学の渉猟という方法を取らざるを得ないというジレンマに立たされてきた。カント哲学のフレームワークを用いて言い換えれば、国語教育学の理論的追究とは、物自体的に立ち現れる国語教育学の理念や根源的課題を、実践の営みや理論

の援用を通して語ろうとすることだということにもなるだろう。森（2011）は国語科教師と思想との関係について、「教師の外部にある諸理論が教師に内在化することで思想的背景となり、その思想的背景が教師の教育思想に影響を与える」（p.4）と指摘する。つまり森は、国語教育学の基礎を「生きるその人自身」（p.3）としての教師を基軸にしつつ、国語教育思想を実践的に形成していくものとして捉えている。無論、そのような仕方で受容された思想は、一人の人間としての国語教育者の切実さに響くものであって、その点で単なる方法以上の意味を持つだろう。しかしそれは、方法以上の用いられ方をするということと常に同一ではない。また、思想は思想として固有の意味や意義を持つ。したがって、たとえそれが国語教育者の切実さによって用いられるのであるとしても、思想の強さや合理性に引き込まれてしまうという恐れもあるのである。

5.2 哲学と国語教育との関係はいかにして可能か――国語教育に内在する哲学思想と「開いた体系」としての国語教育学――

では、単なる道具的な援用に終始するわけでもなければ、合理性に引き込まれてことばを奪われるでもないような国語教育と哲学との関係は、どのようにして可能となるだろうか。

宮本・佐藤・深見（2021）は篠原助市の戦前期の思想に着目し、「開いた体系」としての教育学の自立性について論じている。篠原助市の主著『教育の本質と教育学』（1930）は、その論理的首尾不一貫や新カント派を中心として哲学思想への依存が指摘されてきた。しかし、宮本らによれば、それは矛盾や瑕疵ではなく、むしろ「開いた体系」としての教育学の学的独自性を示している。「開いた体系」とはリッカートに依拠した概念であり、教育学は陶冶という独自の関心から諸学を取り入れ、またそのことによって、絶えず己の学的体系を更新するのである（p.85）。

この「開いた体系」としての教育学という考え方は、西尾や森が指摘した国語教育学の学的理念とも一致するものであると考えられる。つまり、国語教育学もまた、独自の関心から周辺諸科学を取り入れながら自己の「開いた」学的体系を構成主義的に構築し、そして更新させていくのである。

したがって、次の課題は、「開いた体系」としての国語教育学が何を関心とし、何を語ろうとしてきたのかを明らかにすることにある。たとえばヘルバルト学説の体系化がその本来的性格を捨象してしまったように、科学的・合理的な語りは必ずしも「言わんとすること」に対して適切な話法ではない。国語教育の語りや哲学受容に先述のような問題が生じるのも、「目的」に対して「手段」としての理論援用や体系化が適切ではなかったという可能性がある。私たちはまず、国語教育の「言わんとすること」を捉えていかなくてはならないのである。

第 3 章　国語教育の根源的問題意識
「ことばにならない何か」と対峙するとはどのようなことか

1　問題の所在

　前章において、「開いた体系」としての国語教育学と哲学との関係を構築するためには、国語教育の「言わんとすること」とは何か、それをどのように語りうるのかを明らかにしなければならないことを明らかにした。それは言わば、国語教育の本音を引き出すということである。

　国語教育が「言わんとしていること」は、現場の実践や、あるいは研究者の思いの中にすでにして存在している。しかし、それをことばにしようとするとき、とたんに私たちは困難に直面する。国語教育学は「開いた体系」であるがゆえに、周辺諸科学の知見を柔軟に取り入れつつ、自らの営みを構成し、描き出している。ゆえにその語りは時として、背景化された実践知による「敷衍」を必要としたり、あるいは摂取した周辺諸科学のフレームワークや合理性に飲まれてしまったりと、自らが何者であるかを示すことばとしてはうまく機能していないのではないだろうか。つまり、国語教育の本音は、国語教育の立場からはなかなか語りきれない可能性があるのである。

　では、もし国語教育の本音に、国語教育以外の語り口があったとしたらどうだろう。国語教育と同じ課題について、違う角度から眺めてきた人たちがいたとすれば、その視点から見えてきたものは、国語教育の本音を、国語教育にはないしかたで描き出している可能性がある。

　筆者はその「違う視点」を哲学に求め、国語教育の課題を哲学的視座から描き出すことに取り組むものである。なぜ哲学かということには 2 つ理由がある。第 1 に、国語教育が古くから哲学を引き合いに出してきたという事実である。その当否は別として、国語教育が哲学を受容してきたのは、哲学の語りにこそ自分たちの言わんとすることがあると感じたからであると考えら

れる。そして第2に、筆者自身がカント哲学の立場から国語教育の問題を考えようとしているということである。哲学徒としての筆者が国語教育に活路を見出したのは、逆に、国語教育の営みの中に、哲学が実現したかったものがあるように感じられたからであった。つまり本章の目的は、国語教育思想を哲学的な視点から捉えることで、両者が課題を共にしていることを明らかにすることにある。

大河原（1968）の「状況認識の文学教育」や熊谷（1960）の〈認識を育てる教育〉としての文学教育、また浜本（1975）の「文学的認識力」など、国語教育は「認識」を重要課題として問うてきた。そしてまた哲学も、その長い歴史の中で認識を問題としてきた。哲学は、認識をめぐる諸問題を、「認識論（epistemology）」という領域で扱ってきた。認識論では、（理性的存在としての）人間が世界をどのように把捉し、自らの経験として獲得していくかが考察されている。この認識論で問題となるのが、認識する対象と認識する主体との関係である。対象と私たちとのどちらが、認識の結果としての経験の妥当性を担保するのか。もし妥当性が対象の側にある場合、私たちにはただ一通りの経験しか許されず、受動的に経験を構築するほかない。一方、妥当性が私たちの側にある場合、私たちは主体として能動的かつ多様に経験を形成する代わりに、その妥当性は単に主観的なものに過ぎなくなる。哲学的には前者を合理論、後者を経験論と呼び、西洋哲学とは両者の対立と調停の歴史である。

ここで私たちは、西洋哲学の問題圏が、「国語教育」、特に文学教育の「読み」をめぐる問題圏と接続しうることを見出す。文学の授業における「読み」をどのように位置づけるか。正解としての作品解釈をインプットするのか、それとも学習者個々の「読み」の形成を重視するのか。つまり、国語教育は文学教育において、学習者がどのような認識＝「読み」を形成するのかを問うてきたとも捉えられる。

しかし同時に、当然ながら、国語教育と哲学とは異なる。それはつまり、概念を扱う作法やことばもまた異なるということである。前者は具体的現実としての教育現象を扱い、後者は具体的現象を俯瞰する視点から世界を描き出そうとする。これを認識に即して説明するなら、前者は認識の結果としての

経験や認識する能力を看取っているのに対し、後者はそれを含めた認識行為の全体を扱う。この問題意識と語り口の差異に、私たちは、国語教育の本音、つまりは国語教育が「言わんとしてきたこと」を析出させてみたい。

2　研究の方法

　そのために本章では、これまでの国語教育史における先行研究から、国語教育に内在する「認識」をめぐる関心を描き出し、国語教育が、哲学における認識論と同じ課題意識を持っていることを明らかにする。前半では西尾実の『国語国文の教育』（1929/1938/1965, 古今書院）における「行的認識（ぎょうてき）」概念に着目し、西尾国語教育学の出発点が認識論的問題意識にあることを立証する。後半では田中実の「第三項理論」について、難解と言われた「第三項」の国語教育的意義を、カント哲学の物自体概念と認識論的フレームワークから再構成することに取り組む。

3　国語教育学に伏流する認識論的課題
　　——西尾実の「行的認識」概念の分析から——

　まず本節では、西尾実の『国語国文の教育』（1929/1938/1965, 古今書院）における「行的認識」概念に注目し、西尾の国語教育学説を、認識論的問題を提起したものとして考察する。
　本稿があえて西尾の出発点である『国語国文の教育』を考察対象とするのは、それが初期の著作であり、後期著作に比べて意識的な理論化・構造化が不十分であればこそ、西尾が問いとして捉えていたものや課題と感じていたことが、より直接的に読み取れると考えたからである。そしてその中には、後期著作の理論化に伴い捨象されてしまったものや、あるいは西尾自身にとっても十分に意識化されなかったものが含まれると考える。
　『国語国文の教育』は多くの国語教育者に読み継がれ、影響を及ぼしてきた。そして、その行論の根幹をなすのが「行的認識」概念である。「行的認識」とは「すべてを実践的に体得させ、全人的に把握させようとする」（西尾1974:

21）伝統教育に特有のものであり、先行諸研究では、「行的認識」の「行的」性格を国文学研究や同時代の教育状況などから解明することに関心が集中してきた。たとえば松崎・浜本（1988）・松崎（1989）は、西尾の「行的認識の教育論」の成立史を考察するが、「行的認識の教育論」を「全力を出し切ることによって全人的鍛錬・全人的飛躍を目指す教育論」（松崎1989: 1）として伝統教育からの影響を中心に論じている。また桑原（1998）は、後期思想の言語生活主義の探究を中心課題とする中で、初期の「東洋的な宗教的性格」（p.37）を持った「行」的方法のうちに言語活動主義が胚胎されていたと論じる。竹長（2012）では西尾の初期思想の「「行的」教育論」（p.35）を「行的の作業（仕事）によって、学習者のみならず、教師自身の成長が遂げられることを期待した教育論」（p.59）として説明しており、やはり「行的」観念への関心が強い。また、齋藤（2007a）はこれら先行研究の見解を踏まえつつ、「行的認識」を「「行」に内在する精神性を基盤とし、反復する行為の中で真理を認識するもの」（p.13）として説明するが、その背景に国文学研究や世阿弥、道元への憧憬を指摘しており（pp.13–14）、これも「行的認識」の「行的」性格に力点が置かれている。一方、松崎（1996）、齋藤（2007b）は「行的認識」を「認識」の問題として、西田幾多郎の哲学からの影響関係から考察している。両者は西尾の議論を西田哲学によって説明しているが、注に示すように両者のつながりは未だ不明確であり、西尾思想における内在的な「認識」の問題として解明しているとは言い難い[1]。

　齋藤（2007a）が指摘するように、西尾の議論において「行的認識」概念は次第に用いられなくなり、1930年代後半ごろからは「言語活動」、そして戦後期は「言語生活」を中心概念として西尾国語教育学は展開していく。そのため、「行的認識」は過渡的な概念としても見做されてきた。しかし後述するように、西尾にとって、『国語国文の教育』における立場は決して"未熟"なものではなく、むしろ戦後期においても自身の研究の「基礎を成している」（西尾1965）と述べている。つまり、同著の主張の根幹たる「行的認識」は、齋藤の言うように語用として消えてはいても、概念までが消えたわけではないのである。加えて、もし戦後期の思想にも「行的認識」が生きているのであるとすれば、その概念の本質や意図は、松崎・竹長らが指摘する

ような「行」の鍛錬ではなく、むしろ「行」的鍛錬自体が何かの手段であった可能性がある。つまり「行的認識」の本質は、「行」的な方法で到達しうると西尾が考えたものにこそある。

そこで本稿では、「行的認識」が「認識」であることに着目する。先述のように、「行的認識」については、同著における西尾自身の伝統教育への関心から、「行的」という側面に研究が集中してきた。しかし、西尾の論述を見ると、彼はこの概念を、「知的観念的認識」と相対する認識として説明している。つまり、「行的認識」という概念は、認識という側面からもあらためてその意義を考察する必要がある。

したがって、認識の問題から西尾国語教育学を捉え直すことは、国語教育学の根幹に関わる課題や問題意識を西尾と共有し、今日の私たちが、西尾とともに新たな国語教育学を構想することにつながるのである。

3.1 研究の方法

本論では、『国語国文の教育』における「行的認識」概念を内在的に再構築することで、その認識論的性格を明らかにする。その理由は思想解釈の方法に関する問題にある。

第1に、学説の「体系化」は、本来言わんとすることを表現していないことがある。たとえば、鈴木（1990）は、ヘルバルト研究に関して、ライン・ツィラーら高弟による「体系化」に伴って、その学説の本来の目的である「教育学的思惟の習得」が見落とされ受容されてきてしまったことを指摘する。また、国語教育の文脈でも、佐藤（2021）は、国語教育学における哲学受容を批判的に考察する中で、学説の史的展開はその発展を意味するものではないと指摘している。西尾実解釈についても同様に、西尾国語教育学の（西尾自身、あるいは研究者らによる）体系化をそのまま受け取ることも、あるいは発展史観的に捉えることも、西尾実の言わんとすることを受け取る方法としては不十分な可能性がある。むしろ、西尾学説に見られる各時期の差異は、後期思想への「完成」への途上ではなく、西尾が自分自身の問題意識を、その折々に触れていたものや同時代の問題関心と関わらせつつ表現しようとしたものとして理解していく必要がある。

第2に、「西尾が何に影響を受けたか」を考察することは、必ずしも西尾自身の思想の理解にはつながらないことがある。西尾が何かに「影響を受けた」からと言って、西尾がその対象自身に「精緻な理解があった」とは限らないからだ。たとえば、田近 (1975) は、『国語国文の教育』について、垣内松三や土居光知、西田幾多郎等、同時代人からの影響を指摘しつつ、西尾学説の独自性を「直観」の位置づけとして説明している。しかし田近の行論は、西尾の叙述と土居の「芸術的形象」(1922) における叙述の類似性や、西尾が西田の講演を聴講した事実などを考察材料としており、結果、西尾に影響を与えたとされる諸議論は、西尾学説を解釈し、説明する手段として位置付けられてしまったようにも見える。したがって、西尾が影響を受けた対象を考察・分析し、その結果を西尾教育論分析に援用しても、西尾実の問いの本質を理解できるとは言い切れないのである。

　そのため本論では、『国語国文の教育』の構成にしたがって西尾実の言説を追うことによって、「行的認識」の意義を捉え直す戦略を取る。

　なお、本論では、『国語国文の教育』全5章のうち、「序」及び第1章・第2章の叙述に分析の対象を限定する。その理由は次の2つである。第1に、西尾自身が、同著の執筆にあたっては特に前半の2章に注力したと述べている (西尾 1971: 150)。また第2に、同書の内容構成の問題がある[2]。前半2章では国語教育者＝国文学者としての西尾の立場を、細かく節を立て系統立てて議論しようとしているのに対し、後半3章では、前半で確立された立場に基づいて、「国語の愛護」「国文学と教養」「国語教育者」といったテーマについて主張がなされている。したがって、西尾の同著における理念を分析するには、各論部ではなく、総論にあたる前半2章を分析していくことが適切であると考えた。

　本論の流れは以下の通りである。まず、『国語国文の教育』各版における「序」の記述に注目し、同著の主張及び立場が、戦後期の西尾にとってもなお保持されていることを明らかにする。続いて、同著第1章の叙述から、西尾にとっての「行的」なるものの意義を分析し、同著においてなぜ「行的」なるものが認識の問題として論じられたのかについて考察する。最後に、認識の問題として同著第1章後半から第2章にかけての行論を捉え直し、西尾国

語教育学の特質をその認識論的性格において提示することを試みる。

なお本稿では、『国語国文の教育』からの引用は、複数の版を参照する関係から、特に原典からの引用とすべき場合を除き、『西尾実国語教育全集　第一巻』(1974, 教育出版) を底本とし、そのページ数を示す[3]。

3.2　「行的認識」の本来的意義とは何か

3.2.1　「序」における立場——『国語国文の教育』の目指したもの——

『国語国文の教育』における西尾の立場を明らかにするために、同著の初版・13 版・14 版それぞれの「序」における西尾の言説を分析し、初版における立場が戦後期においても保持されているのかを考察する。

初版（1929）の「序」で、西尾は同著の目的意識を「教授作用としての教師の力の問題」を考察することを通して、「国語国文学における私の研究に、一生面を開拓」することであると述べる (p.187)。ここで西尾が着目するのが、伝統教育における「行的精神」(p.188) である。

> さらに、13 版（1938）「序」において、西尾は以下のように述べている。この書の成立は、今にして考えると、国文学の一学徒たる私が、社会的任務としての国語教育に従事しつつ、そこに形成され来たった国文学の方法体系の一試図を描こうとしたものであって……［中略］……そこに確立しようとしたところのものは、国語教室の方法そのものであるよりも、むしろ国文学における作品研究の一方法であったことを感ずる。しかるに、所論の基礎が国語教育にあった関係上、この書はその影響においては、あたかも国語教授の方法を説いたものであるかの観を呈し、その方法体系が直ちに国語教育法として採り用いられている事実をも一再ならず経験させられた。したがって、国語教授を基礎付ける立場の確立に備え、これを契機として自己の国文学研究に一生面を拓きたいという私の志は顧みられるところが少なかったようにも思われる。(p.190、下線は筆者)

14 版（1965）の「序」においても、西尾は、同著の書名を『文学の研究

と教育』とすべきであったと述べると同時に、この本の立場が実際に、彼の国文学研究の「出発点をなし基礎をなしている」と語っている（p.15）。さらに、先の 13 版「序」で、彼自身の考察を徹底させる方法は、「国文学における作品研究の方法論として発展させること」と「国語教授の方法論そのものとして追求すること」の 2 つであり、同著以降の考察は、この 2 つの方向への発展であり、その出発点は「本書のほかではあり得ない」とも述べる（pp.190–191）。つまり、西尾にとっては、国文学研究と国語教育研究は表裏一体の関係にあり、そのことは戦後期に至るまで一貫しているのである。したがって、『国語国文の教育』における国語教育理念は、戦後思想への過渡的なものではなく、むしろ西尾国語教育学を通底するものであると言えるのである。

　したがって、問題は次の 2 点である。第 1 に、国文学の方法論が国語教育の教授論と表裏一体であるとはどういう意味か。そして第 2 に、その根底にある「行的精神」の本質は一体何か。以下、まず西尾の行論を基礎付ける「行的精神」を解明し、その上で、その「行的精神」がいかに国文学・国語教育と接点を持つのかを考察する。

3.2.2　方法としての「行的精神」

　同著の第 1 章「方法体系」において、西尾は、国語教育の根本精神を「行的認識の原理」であるとする。西尾自身の行論を追うと、「行的」なるものについて 2 つの点に気づく。まず第 1 は、それが当時の教育事情へのオルタナティブとして導入されていたという点である。そして第 2 に、「序」において「行的精神」と呼ばれていた「行的」なるものは「方法」として、最終的には認識の問題——つまりは「行的認識」として位置づけられているということである。

3.2.2.1　「伝統教育」へのまなざし——教育のオルタナティブとして——

　西尾が「行的」なるものに注目した背景には、当時直近の事態として目の当たりにしていた大正新教育を始めとした、明治以来の輸入型教育への批判があった。西尾は、輸入型教育が「頭の論理」（p.20）に依拠するばかりで

「主体的全人的陶冶」(p.21) に至っていないと批判する。それに対して、伝統教育は、「すべてを実践的に体得させ、全人的に把握させようとする行的認識［中略］を原理とする教育」であり、「何よりまず力の限りを出し切ることによって人間全体が鍛錬せられつつ、徐々にその可能力を高めゆき、ついにあらゆる認識作用を絶し、あらゆる方法を超えたところに、認識以上、方法以上のものが全人的把握として体得せられる」ものである (pp.21–22)。

　重要なのは西尾にとって、行的認識によって得られるものが「認識以上、方法以上のもの」であるということである。つまり裏を返せば、輸入型教育によって得られるものは認識や方法の枠内にとどまるのであって、それが「主体的全人的把握」に至らない原因であると考えられる。そして西尾は、教育に「行的認識の原理」を導入することによって、これまで知的誠実さにばかり傾いてきた教育に、「情意的確実性」といった要因を織り込むことができるとも主張する。ここで西尾が「認識」に関して問題としているのは、「認識」として得られる対象や内容ではなく、「認識」の方法であると言える。つまり「行的認識」とは知的把握を脱して「認識以上、方法以上のもの」、つまりは情意を含むような知的理解・把握に先立つものを捉える方法なのである。

　西尾が既存の教育へのオルタナティブとして伝統教育に着目していたという指摘は、先行研究の中にもすでに見られる。たとえば松崎（2004）は、輸入型教育を「教化型教育観」と名づけた上で、西尾の「「修養型教育観」としての《行的認識の教育論》」(p.44) を、その「対抗軸」(p.47) として位置づけており、齋藤（2007）も「「注入主義」へのオルタナティヴな方法」(p.14) として、「行的認識」を解釈している。しかし、伝統教育と対置される既存の教育には、教化型教育ばかりではなく、自由主義的な大正新教育もまた含まれている。つまり、教化主義と自由主義、この両者を超えた「第三の道」が、「行的認識の原理」に支えられた西尾教育学であると理解できる。そして「行的認識」とは、知的処理に先立つような対象を捉えようとする認識行為の動的プロセス（＝方法）なのである。

3.2.2.2　行的「認識」の原理——文学研究と国語教育との接点——

　西尾にとって「行的認識の原理」とは、彼が「国文学を研究し、国語国文

の教育に従事して来た間に、それらの体験から自覚されて来た」（p.26）ものである。とりわけ、ハーン（ヘルン）の「創作論（*On Composition*）」との出会いから「苦役的労作」としての「推敲」の意義と重要性を見出したことが、西尾にとって国文学研究・国語教育の双方に大きな影響を与えたのであった。

桑原（1998）、齋藤（2007a）、竹長（2012）など、先行研究では、推敲による（絶えざる）反復は、精神的な行的修練に力点を置かれる形で理解されている。しかし、3.1において13版「序」を引きつつ見たように、同著の西尾にとって、国語教育と国文学研究とは不可分の関係にある。そして、「推敲」もまた西尾にとっては、国語教育だけではなく国文学研究を含めた「すべての考察の基礎をなす」（p.48）ものであり、したがって、これを精神修練や陶冶といった教育的要素から理解するのは一面的である可能性があるのである。

西尾は、従来の綴方教育が、綴ることが単なる美辞麗句を書き連ねることに陥り、学習者自身の陶冶・変容につながらないことを問題としていた。西尾にとっての「推敲」は、綴ることを通した「情緒自身の自律的展開」（p.40）、そして「価値の反復的発見」（p.43）に他ならない。そして、「書く」という行為は、絶えず自らにとって書き記し切ることが難しいような、知的理解・把握に先立つものと対峙し続けることである。西尾にとって「推敲」という労役的実践——言い換えれば身体的な認識方法——は、知的な認識では把握しきれない、「反復実行によってのみ体得される深い世界の存在」（p.22）の次元と出会う方法だったのである。

したがって西尾の行論は、「行的認識」によっていかに知的理解・把握に先立つものへと到達するかにその問題意識があり、その意味で『国語国文の教育』は認識論としての性格を持つと考えられる。

次節からは、西尾の「読む作用の体系」および「主題・構想・叙述」に関する所論を、認識論的プロセスとして解釈することによって、同書の主張の問題意識を捉え直すことを試みる。

3.2.3 「読む作用の体系」の認識論的考察

　西尾は、読む作用を「読み、解釈、批評」（p.56）の3作業によって構成されるとし、その出発点として、伝統教育の「素読」に着目する。

　桑原（1998）は、垣内松三・石山脩平の学説と西尾を比較し、「素読」の位置づけの独自性を指摘する。まず、垣内学説との比較では、垣内における素読が解釈・批評と本質を同じくするのに対して、西尾学説においては、その意義をそれぞれに異なるものとして明確化している。一方、石山学説との比較では、石山が文献学の立場から文章の側に絶対的優位を置くのに対し、西尾は、読み手の能動性を重要視している。加えて、両者との比較から、西尾の独自性を、「素読」の位置づけにあるとし、『国語国文の教育』における行論を、「文学を中心とした完成された、あるいは完成度の高い作品において有効な方法」（p.67）と指摘している。また、幸田（2015）は、西尾の「鑑賞」概念の史的検討を行い、「素読」の発展概念としての「鑑賞」が、戦前期においては「「解釈」に先立つもの」（p.22）として消極的に位置づけられていた一方、戦後期に至って独立した積極的な意義づけを与えられたと整理している。

　桑原が言うように、西尾学説の特徴は読み手自身の能動性を「読む」ことに織り込んだ点にあり、そのポイントが「素読」の位置づけにあることにも筆者は同意する。しかし、それは「作品主義の限界」（桑原1998: 67）を抱えているのだろうか。そして、幸田が指摘するように、「素読」「鑑賞」は、単なる消極的概念なのだろうか。

　西尾にとっての素読の意義は「解釈および批評の基礎たるべき全体的直観を確立」（p.62）することにある。そして、解釈は、その作品の直観に対する「反省的判断作用」（p.68）として位置づけられており、それは「制作における心理過程とその方向を同じくする」（p.69）ものである。一見すると、「素読」には「解釈」の素材たる直観をもたらすという消極的作用しかないようにも受け取れる。しかし西尾によれば、直観の成立の中にもすでに反省的判断の作用が介在するし、直観によって判断作用としての「解釈」は方向づけられる（p.69）。「素読」は、「解釈」作用と相互に働きかけあうことによって、「認識」としての「読み」を形成しているのである。

つまり「読む」という行為は、「素読」を通して得られた直観を「解釈」の能動的作用によって構成し、その上に価値判断としての批評——「読みから来る直観の発展としての解釈を完成し、対象を自我の表現として見ることの出来るまでに至った立場において成立する価値判断」(p.77)——を加える作用であり、一種の認識プロセスと考えられる。こう捉えると、「素読」とは言語化・知的把握以前の直観を得る活動であり、まさに「行的認識」の実践だと言える。

3.2.4 「主題・構想・叙述」の認識論的考察

先にも触れたように、西尾にとって同著は国語教育の方法論を説いたものではなかった。したがって、「主題・構想・叙述」についても、教授法的な意図からではなく、同著の認識論的な構想に基づいて捉え直す必要がある。

前節の「読む作用の体系」が認識のプロセスの問題であるなら、こちらは認識の対象に関する問題提起だ、とも整理できるだろう。西尾は、ラスキンと松尾芭蕉とによって、「見る作用を、したがって形象を、内面的主観的作用の深化として見出」した (pp.83-84) と述べている。つまり、文学を「読む」という行為は、作品を分析的・還元的に理解することではなく、「作者なり読者なりの内面生活として成立する具象作用であり、直観作用としての自律的総合」としての文学形象を捉えることなのである (pp.86-87)。

ここで重要なのは、文学形象が、知的作用を超えて、「表現の立場における体験としてのみ成立する自覚体系」であり、ここに文学研究・教授の方法が「必然的に行的方法を基礎と」しなければならないゆえんがあるとされている (p.87) ところである。つまり、文学を読むという行為は、知的認識を超えた領域と対峙する「認識」の問題として捉えられていたのである。そのことは、「主題」の位置づけからも明らかである。西尾にとっての主題とは、「文学形象を成立させる motive force であると同時に motive form であるところの、全体印象としての直観」であり、それは「形象として展開せられるべき種子にも比せられるもの」である (p.88)。そして、それは「なんらかの問題、なんらかの思想を、解釈し主張しようとするような」(p.90)、知的把握を可能とするものとは区別される。つまり、「主題」の把握とは、「単純な素

朴な心の上に感得される一種の韻律的感銘」（p.92）であり、知的把握・理解の対象ではないのである。したがって、主題の展開としての「構想」を捉えるということもまた、「単なる知的認識ではなくて、表現の立場に立った体験的認識」（p.89）となる。

「主題」「構想」から「叙述」に至って、対象としての作品は「言語文字としての感覚的具象性を獲得することによって展開を完結し、表現を固定化する」。つまり、「主題」「構想」は、「叙述」としてようやく具体的なかたちを得る。

しかし西尾は、「叙述」の内容ばかりに目を向けているわけではない。むしろ西尾は、「叙述」として明瞭に言語化され得なかった事柄に注意を促している。

西尾は、文の意義を「叙述と叙述せんとする意向との融合点」（p.106）に見出し、有力表現として認められるのは「意向が強大で叙述が強大」な場合と、「意向が強大で叙述が弱小」な場合の2つであるとする（p.107）。後者の場合は、たとえば和歌のように「叙述せらるべくして叙述化せられなかったものが内感として存立している」（p.108）のであって、"書かれている"ことだけを読むのが文学の理解ではない。「主題」は「叙述」として明瞭に記されていなくとも、「文体」やあるいはリズムのうちに、さらには句読点の位置にも現れるのである（pp.108–109）。

したがって、西尾における「主題・構想・叙述」は、文学作品を書かれたことばの次元ではなく、むしろ明瞭に表れていないものや示唆的にのみ現れているもの、つまりは直観としての領域と対峙していくことで捉えていこうとする議論であったことが分かる。つまり、「主題・構想・叙述」もまた、「行的認識」の実践として、知的把握・理解に先立つような領域を文学作品のうちに拓いていこうとするものであるのである。

3.3　まとめ

以上、西尾実初期の代表作である『国語国文の教育』における「行的認識」概念に注目し、今日の国語教育学に通じる西尾実思想の本質を、認識論的議論として描き出すことに取り組んできた。

その結果、同著の「行的認識の原理」が、知的理解・把握に先立つ領域に関する「認識」の問題を提起していることを明らかにした。西尾は初版から第14版に至るまで、同著の主張は国語教育と国文学双方にとって意義を有するという点を強調してきた。西尾にとっては、両者ともに、対象としての知的理解・把握に先立つ領域と、知的な判断や価値づけを排して出会い、自らのことばで意味づけていく営みだったのである。

　桑原（1998）は、西尾の言語生活的国語教育論から、「言語・言語活動・言語生活」の同心円的構造としての国語教育論を構想している（p.312）。こうした桑原の説明は、西尾論が「人類の歴史的時間における発生的視点および個々人の言語発達的視点」（p.309）に立つがゆえに、それぞれの発達段階における学習指導や授業設計を創造する枠組みとしては限界があるという問題点を解消し、論の実践的可能性を拓くものである。しかし、この図式化は確かに西尾自身の論述や問題意識を踏まえてはいるものの、学習者の主体を具体的な「言語生活」のうちに位置付けており、「行的認識」の原理が「素読」によって拓こうとした、意味づけられ判断される前の知的理解・把握に先立つ「直観」の領域が捨象されている。

　西尾にとって、「行的認識」とは知的理解・把握に先立つものを捉える方法であり、『国語国文』における国語教育論はその実践であった。したがって、「行的認識」が「行」である所以も、知の働きを中断し、自分に対して立ち現れるものとただ対峙する態度として理解するべきであろう。そのとき、「読む」とは言語化される以前の感覚の束としての直観と出会い（＝素読）、「主題」と「構想」というテクストの向こうに見出されるものを捉え、それを通して「叙述」を解釈し、自らの問題として「批評」することである。つまり「読む」という行為、そして言語化していくという営みは、常にことばを超えた直観を基礎としている。ゆえにそれは、自らの捉えたものを言語化する営みとしての「書く」と同じ過程を取るのであり、その本質を、知的理解・把握に先立つものとの対峙に置くのである。

4 「第三項理論」批判——物自体としての〈第三項〉——

4.1 問題の所在

続いて本節では、田中実による「第三項理論」の構造と問題意識をカント哲学のフレームワークから再構成し、その国語教育的意義を描き出すことに取り組む。

「第三項理論」とは、近代文学研究者である田中実が、関口安義に始まる読者論的文学教育に対して「エセ読みのアナーキー」と批判したことに端を発する、一連の文学教育論の総称である。

第三項理論への注目の前提には、文学研究および文学教育における、「モダン」および「ポストモダン」の超克という、極めて独特な問題意識が存在した。しかし、その概念理解は、思想史上のそれとは異なった、一種独特な仕方で与えられているため、注意が必要である。

第三項理論に関する論考を数多く掲載してきた『日本文学』(日本文学協会)上の言説を手がかりとするならば、「モダン」とは、主体に対しての客体の現れ方が一様に定まる、さらに言えば、一様に定まら「なければならない」とする思想体系、あるいは思考様式である。一方、「ポストモダン」は、主体に対してそれぞれの仕方で認識が立ちあらわれ、それぞれに等しい価値を持つ、という思想体系である。この定式化の背景には、柄谷行人、蓮見重彦、そして浅田彰などに象徴される、1980年代以降の日本における言論状況が存在する。田中自身、蓮田の「表層批評」に対して自らの読みを「深層批評」であると表現しており(田中 2018a: 8)、また須貝千里は、「読むこと」の内実について、モダンとポストモダンとの境界は1980年代に存在すると言及している(須貝 2018: 42)。

つまり、第三項理論は、1980年代以降の日本の言論状況と、それに影響を受けた国語教育上の混迷を乗り越える理論として、注目を浴びるに至ったということになる。より具体的に言うならば、「正解の解釈が唯一存在する」、あるいは「読み手毎に読み方が存在する」という指導上の立場を乗り越えた新しい国語教育の理論として、第三項理論は期待を集めていたのである。

「モダン」および「ポストモダン」の超克という課題に対し、近代日本文学

者としての田中が注目したのは、「文学作品をどのように捉えるか」という問題だった。つまり、「モダン」の捉え方も、「ポストモダン」の捉え方も、近代日本文学を捉えるには不十分であると田中は考えたのである。

　田中によれば、近代日本文学の特徴は、その物語が第三者の視点から語られていること、すなわち客観描写であることにある。常に自分の視点から語られる私小説とは異なり、近代日本文学は常に「作中人物ではない何者か」によって、作中人物の語りや物語全体が相対化される。つまり、物語として表面に現れていない次元、あるいは、作中人物の視点からは届き得ない次元が存在することになる。したがって、近代日本文学を読むということは、この相対化された語りの次元から物語の仕掛けを読むことだと考えられる。田中は、この物語の仕掛けを「メタ・プロット」と、そして、そのメタ・プロットの次元から物語を進めている存在を、「機能としての語り手」と呼んでいる。

　しかし、メタ・プロットの次元から読むということは、必ずしも、作品を完全に掌握することにはならない。むしろ、作品の十全な理解は構造的に不可能であると田中は主張する。なぜなら、対象の認識に届き得ない次元が存在するということは、読み手にとっても同じことであるからだ。ここで田中は、作品に二通りの存在様式があると主張する。まず1つは〈本文〉である。これは読み手によって捉えられた文章内容であるが、「常に読書主体の時空間に拘束される一回性の脳内現象、〈読みのアナーキズム〉としてしか現れない」（田中 2017: 4）。もう1つの存在様式は、〈原文〉である。こちらは「実体としては存在しないこの客体そのもの」（同上）「了解不能の《他者》」（同上: 3）として説明され、言わば、永遠に認識し得ない「作品それ自体」である。田中によれば、〈本文〉、すなわち「文章それ自体」から触発されてさまざまな文章内容が現れる一種の仮想空間が「第三項の領域」であり、機能としての語り手は、この「第三項の領域」から物語の構造としてのメタ・プロットを読んでいくのである。

　つまり、仕掛けの次元、つまりメタ・プロットの次元から作品を読んでも、それはそれぞれの読み手にとってそのように現れている、ということに過ぎない。逆に言えば、その都度の読みというのは、自分の在り方を反映したものであり、読みの更新が起きるということは、そこで自らの在り方もまた更

新されているのである。田中は、「第三項の領域」を導入することによって可能となるこうした読み＝自己の更新を、「自己倒壊」と呼び、重要視している。

　以上のことを踏まえ、田中は、「モダン」および「ポストモダン」について次のように批判する。まず前者については、作品の解釈について唯一絶対のものがあるとする点に異議を唱える。確かに、「作品それ自体」として、読み手に内容を与える対象は存在する。しかし、それは決して到達しうるものではない。したがって、客観的に到達しうる唯一の読み方、というものは端的に不可能なのである。一方、後者については、読みの多様性の在り方が批判の対象となる。「ポストモダン」的に、どの読み方にも対等な妥当性を認めるとする。そうすると、物語は単なる「それぞれの読み方」の次元においてのみ受け取られ、「自己倒壊」が産まれる余地がなくなってしまう。確かに、田中にとっても読みは多様でありうる。しかし、「第三項の領域」が存在することにより、読み手は絶えずその読みの更新を迫られる。そして、このように見直しを絶えず迫られるということは、異なる読み方と相互に触発された結果、言わば「読みの公共空間」を構築することをも可能とする。もし、「ポストモダン」的にそれぞれに対等な妥当性を認めてしまうと、こうした読み同士の相互関係は生じ得ないのである。

　森（2022）は、2000年代初頭におけるポストモダン的な「読み」を超克する文学教育の基礎論として、田中実の一連の議論を意義づけている（p.510）。特に日本文学協会の国語教育部会を中心として、第三項理論は文学教育を理論・実践の両面から刺激してきた。

　その分難波（2018）が指摘するように、第三項理論に関する一連の主張は賛同と同時にその拒絶も大きいものであった（p.18）。風間（2020）の回想や『日本文学』2020年2月号に掲載された「二〇一九年八月号に関する経過報告」（pp.65–69）などが示すように、第三項理論を奉ずる国語教育部会の一部は「国語教育のグランドセオリーを追求する運動体」（p.69）を志向するあまり先鋭化し、次第に孤立を深めていった。

　そのため、田中実の主張への注目は、毀誉褒貶の両面ともに往時の活気を失ってしまっている。しかし、それは田中実の主張に対する適切な応答の上での顛末だろうか。佐藤（2020）は、2020年当時の第三項理論の受容状況につ

いて、2つの課題を指摘した。第1に、「『第三項理論』の理解が田中氏のターミノロジーの受容という次元に留まり、それが実際に指し示す事柄や、その問題点を捉えるに至っていない」。そしてそれに関連して第2に、「田中氏の言説を相対化しきれないことで、『第三項理論』に基づく授業実践が、結果的に、田中氏の読みを到達点とするものに転化してしまっている」（pp.56–57）。とりわけ第2の点について、佐藤は次のように批判を加える。

　第三項理論とは、本来、そうした指導者の読みの権威性に異議を唱えるものであったはずだ。しかし、指導者が田中の言説を相対化できず、なおかつ第三項理論を「読み」の次元で捉え、授業実践を行ったらどうなるだろう。それは、指導書が田中の論文に置き換わっただけのことではないか。そこで生徒に生じた「新たな読みの獲得」は、果たして田中の言うところの「自己倒壊」たりえているのだろうか。田中氏の言説の教育的意義は、他なるものを措定した上での世界観認識とその更新・拡張という読み手としての主体における内的プロセス、言い換えれば「形式性」にある。つまり、田中実の言説を乗り越えず、その「読み」の革新性において第三項理論を捉えていては、むしろ第三項理論による授業実践は成立し得ないとすら言える（p.57）。

　つまり、第三項理論は、活動体の理念としてイデオロギー化してしまったことで、反対者はおろか、受容者にとっても十分に理解されているとは言い難い状況にあるのである。

　その困難さの根源的な理由として、難波（2018）は、第三項理論の多層性を指摘している。難波によれば、「第三項理論」には「個別文学作品論」「一般文学論」「読むこと教育論」「哲学論」という、多様で、そして重要な理論領域が複数含まれている。そしてそれは、田中実が既存の文学研究を乗り越えていく上でこの理論を発見した、ということにともなう「宿命」であるとする（pp.18–19）。したがって、第三項理論の学的意義や価値を正当に評価するのであれば、この学説を見通せる視座やフレームワークを持つ必要がある。そうすることではじめて私たちは、第三項理論自体の構造と、それを運用する田中実の研究者としての固有性・独自性を峻別しつつ、田中の所説へ適切な批判的検討を加えることができるのである。

4.2 研究の方法

 そのための方法として、本節では、田中実の〈第三項〉をカントの物自体概念によって解釈することで、第三項理論を認識論的観点から整理する。

 第三項理論の理論的難しさとして何より指摘されるのは、「機能としての語り手」やその視座を可能とする〈第三項〉といった不可知な領域の措定である。つまり、もしこの不可知な領域を扱いうる理論やフレームワークを頼りにすれば、第三項理論の性質や特質、またその限界を明らかにすることができるのである。

4.3 第三項理論とその受容上の問題点
4.3.1 第三項理論の国語教育的意義

 「国語教育における田中実の意義」について、田中実の盟友として共に文学教育への問題提起を行ってきた須貝千里は以下のように説明している。

> **第三項理論**は世界観認識にかかわるグランドセオリーです。
> これは、事態を〈主体〉と〈客体〉との二項で捉えるのではなく、〈主体〉と〈主体が捉えた客体〉とするのでもなく、〈主体〉と〈主体が捉えた客体〉と〈客体そのもの〉の三項で捉える世界観認識を前提にした考え方です。〈客体そのもの〉は到達不可能な、了解不能の《他者》です。しかし、〈主体が捉えた客体〉は〈客体そのもの〉の〈影〉の働きかけの中にあります。こうした世界観認識は〈世界像〉の転換が図られ続けていく事態とともにあります。言葉の内（＝〈わたしの中の他者〉）と外（＝到達不可能な、了解不能の《他者》）という事態に向き合い、自己や他者、世界を問い続けることによって、です。このことは、〈言葉以後〉の世界を〈言葉以前〉の地点から囲い込もうとする「資質・能力」を育み、新しい学習指導要領の三つの「資質・能力」（「知識・技能」、「思考力・判断力・表現力等」、「学びに向かう力・人間性等」）に対しての問題提起となっています。この提起は、ポスト・ポストモダンの時代を拓き、「国語科」の解体と再構築を図っていくことを目指しています。（須貝 2017: 263 太字は原文ママ）

須貝の説明にも田中実のターミノロジーが多用されており、一読ではその真意を掴むことができないが、要するに、第三項理論の根底には、世界の認識様式の在り方への関心があるということである。しかし、それがどのように文学の「読み」の問題と接続するのか。それは、国語教育における「読み」が主題学習的なスタンスから、学習者の「読み」を価値づけていくという読者論的なスタンスへと転回していったことと関連している。須貝は先の発言に続けて、以下のように第三項理論の文学教育的意義を述べている。

> 文学作品の教材研究と学習は未だ「読むこと」には正解があるのか、ないのかという問題に右往左往しています。周知のように、一九八〇年代を境にして、「読むこと」には正解があるという前提が「読むこと」には正解がないという前提に転換されていきました。この動向を「国語科」におけるポストモダンの現れであると言うことができます。しかし、事態は、依然として正解があるとされたり、正解がないとされたりというように曖昧なままに放置され、混迷を重ねています。これが正解主義を前提にしたモダンを引きずった、エセポストモダン=エセ価値相対主義という事態です。この事態は「国語科」を内側から腐敗させていきます。……［中略］……第三項理論はこうした事態を問題として照らし出し、克服への道筋を提起しています。第三項理論は、世界観認識をめぐる問題として、「予測困難な時代」の課題とは何なのかを問うているのです。（同上 : 263-264）

したがって、主題学習的な客観的な正解としての「読み」が存在するか、あるいは「読み」は主観として学習者の中にしか存在しないのかという二項対立を乗り越えるのが、田中の主張する〈客体そのもの〉としての〈第三項〉だと、須貝は国語教育の立場から主張するのである。

4.3.2　第三項理論の「躓きの石」としての〈第三項〉——理論なき理論——

問題は、〈第三項〉とは一体何か、それをどのように捉えていけばいいのかということである。

第3章　国語教育の根源的問題意識　71

　田中実自身の説明に目を向けると、たとえば田中（2018a）では〈第三項〉を「客体そのもの」「未来永劫、主体には直接捉えられない、永遠に沈黙する了解不能の《他者》」（p.2）という説明がある。そこで田中は、自説の構造を村上春樹のとあるインタビューでの発言を援用しながら説明を試みている。村上はそこで、自身の精神構造について、日常生活を送る地上部分と、「無意識」部分の地下一階、そしてそのさらに下に「もう頭だけでは処理できない」領域としての地下二階があると語っており、田中は、この村上が言うところの地下二階が〈第三項〉の領域であると語っている（pp.12-13）。

　しかし、筆者の考えでは、田中のこの説明は〈第三項〉概念の理解にあたって成功しているとは言えない。むしろ、次の2点で、第三項理論を理解する上で、読者に少なからぬ当惑を与えるものとなっている。第1に、これまで〈第三項〉は「了解不能の《他者》」というある種の「対象」を予感させる表現で語られていたにも関わらず、ここでは「領域」という空間的規定を持った表現が新たに用いられている。そして第2に、村上の語りに共感しつつ、「無意識」という要素が特に説明もないまま論に導入されてしまっている。しかし、〈第三項〉は主体と客体の外部に措定されるのであって（田中2017: 248）、「無意識」とは異なるのではないか。この第2の問題点は、さらに次の2つの課題を生むことになる。まず第1に、もし〈第三項〉の領域が無意識の領域であるとすれば、第三項理論は精神分析を援用した文学理論という、きわめて「ポストモダン」的なものへと還元されてしまう。そして第2に、無意識の領域とは畢竟、主体の在り方の一様式でしかないため、それは〈客体〉としてであれ〈客体そのもの〉としてであれ、到達不可能な外部には存在し得ないはずである。

　つまり、田中自身の言明は〈第三項〉の説明にはなっていないし、さらに言えば、その〈第三項〉によって支えられている第三項理論は、田中自身によっても、そして（田中のターミノロジーの圏内にとどまっている限り）そのフォロワーによっても、「理論」としての体を成すに至っていないのである。難波（2022）は、大河原（1968）の「テノヒラ型思想」[4]という概念を用いて、第三項理論の可能性を認めつつも「いまだ実践へと展開できるテノヒラ型思想には展開しきれていない」（p.47）と指摘する。それはひとつには、

〈第三項〉をめぐる所説を相対化し、構造化し、その上で教育実践へと接続させるという取り組みが不足していたという事情もあるだろう。またそのゆえに、第三項理論は「理論なき理論」としてイデオロギー化していかざるを得なかったとも指摘できる。

したがって、第三項理論は、田中の言明に内在的に考察を進めても「理論」としての姿を浮かび上がらせることはできない。私たちはむしろ、田中が〈第三項〉をはじめとするターミノロジーを用いて何を捉え、何を表現しようとしていたのかに目を向け、それを田中の表現を離れて表現する必要があるのである。

次節では、本節で確認した第三項理論の現状理解を踏まえ、それを文学以外の方法論から定式化することを試みる。

4.4　第三項理論の批判的再構成──「物自体」としての〈第三項〉──

4.4.1　〈第三項〉で「言わんとすること」とは何か

前節の議論により、田中実の所論を理解するためには、〈第三項〉とは何なのかを捉え、それを扱いうる視座が外在的に求められることが明らかになった。

外在的理解には、大きく2つのアプローチが考えられる。第1に、田中自身が言及し援用する理論体系や学説を参照するアプローチであり、第2に、田中自身の主張に近い問題関心を持った理論体系や学説を参照するアプローチである。

前者のアプローチについては、たとえば李（2017）が後期バルトの主張と田中の主張との相同性を指摘することで、その問題関心を明らかにしようとしている。田中（1996）において言及されているバルトのテクスト論は、確かに田中に直接的影響を与えた理論として参照されるべきものである。しかし李の議論は、田中（2016）に示された田中自身によるバルトと田中の相同性への言及を基礎として展開されており（p.30）、一見すると田中の主張を追認している構造をとっているようにも思われる。また、田中が直接言及する『物語の構造分析』（1966）と、李が中心的に参照する『明るい部屋』（1970）とは思想の時代が異なる。したがって、李の行論は、「田中とバルトが同じ思

索的展開を辿った」という前提があってはじめて成立するものとなっており、論として循環をきたしている。また石原（2015）は田中のこれまでの論考における「言語論的転回」への言及に注目し、田中のウィトゲンシュタイン解釈の誤りを指摘している。つまり、田中自身の理論援用がそもそも不適切である可能性がある以上、第１のアプローチによっては、第三項理論の「不完全さ」を指摘こそすれ、その本意を明らかにすることはできないのである。

では、第２のアプローチはどうか。加藤（2013）は、田中の〈第三項〉概念が「カントの物自体とかレヴィナスの他者」と似ていることを指摘する（p.26）。しかし加藤の議論は、作品解釈の性質をめぐっての読者と作品との関係をめぐる問題に関心が寄せられ、こうした諸理論の立場から田中の議論を批判的に考察するには至っていない。また本論文への応答として掲載された須貝（2013）も、外在的な観点からの第三項理論の検討については触れておらず、論点としては棚上げにされてしまっている。しかし、先に上げた石原（2015）は、古田（2014）の西洋・東洋の思想特性の図式を参照しつつ、西洋思想が問題としてきた「この世」の「向こう側」が第三項として考えうることを指摘し、「西洋哲学は「向こう側」について千年単位で考えてきたわけですから、これを参照すれば「第三項は〜である」ということができるようになるのではないかと考えています」と述べている（p.10）。

また難波（2018）は、マルクス・ガブリエルの新実在論を手がかりとして、第三項理論を理解する道を提示した先駆的な研究である。難波は、第三項理論が含む学問領域を整理した上で、第三項理論を、新しい実在論、とりわけマルクス・ガブリエルの論説によって説明しようと試みている。

主張の前提として、ガブリエルが乗り越えるべきと考えている哲学上の立場が２つある。１つは「この世界全体についての理論を展開しようとする試み」（ガブリエル 2018: 9）としての形而上学であり、もう１つが構築主義である。これは、およそ事実など存在せず、私達が、私達自身の重層的な言説ないし科学的な方法を通じて、いっさいの事実を構築していると考える立場と定義されている（同上：11）。

ガブリエルの主張は、以下の３つのテーゼから構成される。

1. 世界は存在しない（＝否定的存在論の主命題）。
2. 限りなく多くの意味の場が必然的に存在する（＝肯定的存在論の第一主命題）。
3. どの意味の場もひとつの対象である（＝肯定的存在論の第二主命題）。

（以上、ガブリエル 2018: 115）

　意味の場とは、「何らかのもの、つまりもろもろの特定の対象が、何らかの特定の仕方で現象してくる領域」（同上: 97）であり、何かが存在するということは、まさに「何らかの意味の場に現われること」（同上: 133）に他ならない。また、この意味の場について、ガブリエルは、「魔女」を例に出して、次のように説明する。すなわち、魔女は「地球（上）」という意味の場には現象しないが、「初期近代の魔女狩り実行者のもっていた表象体系」には現象する（同上）。また、どのような意味の場が存在するかについては、「人間による認識の営みの現実全体」（同上: 127）が必要だとする。ガブリエルはこれ以上の言明を行っていないが、以上から、意味の場の設定は、言わばその状況の文脈に左右されるのだと考えて良いだろう。以上から、ガブリエルの主張は、「意味の場」の存在論とまとめることができる。

　難波は、ガブリエルの理論が、第三項理論と次の２つの点を共有していると考える。第１に、双方が抱える問題意識であり、第２に、存在をメタ的視点から捉えて構造化している点である。しかし、筆者は、そのいずれの点からも、ガブリエルを第三項理論の補助線として援用することは、必ずしも適切な選択ではないと考える。

　まず、第１の点について、難波は、「新しい実在論」について、「自然主義＝科学主義＝モダン」と「構築主義＝ポストモダン」の両方を乗り越えようとしたものとして理解している（難波 2018: 22）。しかし、このような定式化は、あまりにガブリエルを第三項理論に引き寄せようとし過ぎているように思われる。再度確認すると、ガブリエルが乗り越えようとしているものは、形而上学と構築主義であった。言い換えるなら、すべてのものが帰属する対象としての世界が存在するということと、客観普遍の尺度によってのみ世界が成立しているということの双方を、ガブリエルは否定しようとしている。すな

わち、ここで問題とされているのは、モダンとポストモダンというような対比的なものではなく、そもそも次元の異なるものなのだ。また、ポストモダン＝構築主義という理解をひとまず受け容れるとしても、モダン＝自然主義＝科学主義とすることには大きな問題がある。なぜなら、自然主義とは、世界観の提示と判断基準の規定という点で、形而上学と構築主義双方に関わるものであるからだ。

　第2の点についても、ガブリエル解釈上の問題を指摘しておきたい。それは、ガブリエルの理論では、意味の場の外部領域が存在しない。つまり、肝心の「第三項の領域」が存在しない。むしろ、ガブリエルにとって、意味の場の外部を措定する考え方は、全体としての「世界」が存在するという、形而上学の立場である。また、「読み」という仕方で読み手の認識が常に問われるという点では、構築主義的な要素すら指摘しうるだろう。つまり、第三項理論とガブリエルの主張との間には、次のようなディレンマが生じることになる。ガブリエル的な存在理解に立脚するのであれば、第三項理論を否定せねばならない。一方、第三項理論に立脚するのであれば、ガブリエルは援用しうる味方ではなく、現代哲学からの刺客ということになる。よって、単に多次元的なモデルを提示しているという特徴にフォーカスしてガブリエルを援用することには、危険が伴うのである。

4.4.2　カント哲学による「第三項理論」の批判的検討

　しかしながら、難波の議論は、第三項理論を整理し、定式化する上で極めて重要な条件を示してくれた。まず第1に、対象を認識するにあたって、主客の二項関係の外部領域を要請する理論であること。そして第2に、認識主体が、多様に現れる世界の現れ方を比較しうるようなモデルを提供してくれること。さらに、第三項理論が近代小説の「読み」に関するものであることから、筆者は、もう1つの条件を付け加えたい。それは、近代的自我を基礎づける理論であること。そして、以上3つの要求を満たす理論として、私は、18世紀ドイツの哲学者であるカントの学説を採用したい。つまり、第1章で合理的行為者性に基づいて再構築されたカント哲学に基づいて、田中実の「言わんとすること」を捉えようということである。

第三項理論では、対象としての作品を、あくまで読み手に対しての現れであると考える。それによって、テキスト内在的な読解手法によって生じる正解到達主義的立場（＝「モダン」）、そして「還元不可能な複数性」（＝「ポストモダン」）の双方の回避が図られていた。言い換えれば、第三項理論とは、〈第三項〉を導入することによって、「絶対的な読みというものが存在する」という独断論と、「畢竟文章の読みはその受け取り方によって変化せざるを得ない」という経験論の双方を斥けようとする、文学読解上の試みであるとも言えよう。
　私達が文章を読む際には、どのような立場から読むかによって、さまざまな文章理解が現れる。そうしたさまざまな文章理解を比較しうるメタ的な視野を獲得すると、その文章理解は、他ならず、自らがどのような規範や慣習の中に存在しているのかを明らかにしてくれる。重要なのは、文章を読む際に、自分の背負っている文脈を相対化しうる視点と、それによって、異なる文脈を自ら模索しうる人間の在り方を手に入れることなのである。
　つまり田中は、正解到達主義でもなく「読みのアナーキー」でもない「読み」を開くために、〈主体〉-〈客体〉の二項ではなく、〈主体〉-〈主体がとらえた客体〉-〈客体そのもの〉という三項関係による「読み」を提示したのだった。ここで注目したいのは、田中が2項から3項に「読み」のモデルを転換する際に、〈客体〉に相当するものが〈主体がとらえた客体〉と不可知な対象としての〈客体そのもの〉とに分割したことである。この〈客体そのもの〉が〈第三項〉であり、それは了解不能の《他者》であるとも言い換えられているが、いわゆる第三項理論として〈第三項〉概念が焦点化される前から、田中にとっては了解不能の《他者》はすでに論点とされていた（田中1996を参照）。田中にとって重要であり続けたのは、その都度「わたし」に対して立ち現れてくる「読み」の向こう側にあって、その「読み」を倒壊させる了解不能の《他者》だったのである。この経験的認識の向こうに「わたし」を触発する何かが存在するという田中のアイディアは、まさに『第一批判』においてカントが提示した認識論の構図に他ならない。つまり、田中のいう〈主体〉-〈主体がとらえた客体〉-〈客体そのもの〉という関係は、第1章において示した「合理的行為者性」-「現象」-「物自体」という構造で、1781年のカント

によってすでに指摘されていたとも言えるのである。そして、〈第三項〉とカントの物自体との類似性を指摘した加藤は、実は非常に田中論の構造的本質を適切に理解していたのである。

4.5 第三項理論の本質的意義とは何か

以上の行論を踏まえ、筆者は、田中による〈第三項〉をめぐる一連の議論の意義を以下の2点に整理したい。

第1に、文学（教育）の「読み」をめぐる議論を明瞭に認識論的角度から問題提起し、作品の向こうに存在し続ける「ことばにならない何か」としての物自体を、〈第三項〉／了解不能の《他者》という概念によって積極的に意義づけたことである。田中・須貝（2001）に収録の田近洵一との対談において、田中と田近は「原作品」をめぐって対立しているが、この両者の対立は、田近が「原作品」を何らか客観的実在として捉えているのに対し、田中は実在が措定される「何か」という不規定な対象として捉えているという違いとして理解できる。両者ともに、学習者の「読み」が「原作品」との出会い直しによって変容を迫られるという点では一致しているが、田中にとって「原作品」とは「これではない何か」という消極的概念にとどまるのである。

第2に、〈第三項〉を物自体概念によって扱いうるということは、田中の問題提起とそれに対する反応を通して、カント哲学に国語教育との接点が開かれるということである。難波（2018）や佐藤（2020）、風間（2020）など多くの論者が指摘するように、第三項理論は運動体としての戦略の拙さから受容がうまく進まなかったが、文学教育における〈第三項〉の導入が積極的インパクトを持つものであったことは、先に参照した森（2022）の指摘からも明らかである。しかし、国語教育はこの未規定で認識不可能な概念を扱うだけの知見やフレームワークを内在的に有してこなかった。もしここでカント哲学の物自体によって〈第三項〉を扱うことができるなら、国語教育は、250年余りにわたるカント哲学研究の知見を直接に——第2章で述べたような——「開いた体系」のうちに取り込むことができるのである。

5　まとめ——西尾から田中へ、そしてその先へ——

　本章の議論から明らかになったのは、国語教育にとって「認識」に通底する「ことばにならない何か」とどう対峙するかが大きな課題であり続けたということである。そしてそのことを私たちは、西尾実と田中実という2人の国語教育思想家を取り上げ、その「言わんとすること」に目を向けて見出そうとしてきた。

　私たちは「言われたこと」のうちに「言わんとすること」があると思いがちだが、むしろそれは時として、「言わんとすること」を読み誤ることにもつながる。第2章でも指摘したように、「論じる」という営みにおいては、論というものの持つ形式や構造、あるいは「援用する」対象によって、その内容が絡め取られてしまうことがあるからである。

　本章の営みは、いわば西尾や田中の行論を「真に受けない」ことを方法として、表面には現れていない「言わんとすること」自体へと向かっていこうとするものであった。西尾がなぜ「行的認識」という表現を用いたのか、田中が〈第三項〉にこだわったのはなぜか、そういう角度からはじめて見えてくる「意図」もある。そしてそれは本章においては、国語教育に通底する課題としての「ことばにならない何か」への関心であったと言えるだろう。

　国語教育はことばを扱うのであって、その国語教育にとって、ことばではない、「ことばにならない何か」を扱うことは矛盾した要求である。しかし、西尾も田中も、その「ことばにならない何か」によってこそ私たちのことばの営みは支えられているのであって、そこへ向き合うことの価値や重要さを指摘している。国語教育を真正面から受け止めるのであれば、私たちはどうしても、この「ことばにならない何か」と対峙しなければならないのである。

　また、第4節の田中への分析は、国語教育が「ことばにならない何か」を扱う上での突破口を開いたものである。つまり、田中の〈第三項〉がカントの物自体とパラレルに考察できるなら、私たちは、カント哲学とともに国語教育を考察することができるはずである。

　カント哲学の課題として国語教育をとらえたとき、そこでは自然と、認識の問題を通して「ことばにならない何か」が捉えられているはずである。次

章では、本章の成果を踏まえ、カント哲学の見地から、カント哲学自身の課題として国語教育を捉え、その在り方を提案することを試みる。

注
1) 松崎(1996)、齋藤(2007b)は、西尾の「行的認識」を西田幾多郎の哲学思想との関係から考察している。しかし、両者の論考には、国語教育における思想受容を考察するにあたって、2つの問題がある。第1に、西尾と西田を関連させる根拠が、西尾光一(1976)「西尾実年譜」(『西尾実国語教育全集』第十巻：p.512)の記述であり、西尾実自身は西田哲学との関係を『国語国文の教育』はもちろん、他の文献でも明示的に言及していない。第2に、もし実際に西田の講演から西尾が影響を受けたのであったとしても、それが西田の学説の精緻な理解の上に成り立っているとは限らない。したがって、西田哲学やその背景としてのフィヒテ哲学の側から西尾思想を考察しようとしても、それはそれらの哲学に西尾思想を安易に接合することになりかねないのである。
2) 『国語国文の教育』の目次構成を以下に示す。
　　一　方法体系
　　一　行的方法
　　二　基礎経験
　　三　読む力の基礎
　　四　読む作用の体系
　(一)素読
　(二)解釈
　(三)批評
　　二　文学形象の問題
　　一　文学形象の概念
　　二　文の主題とその展開
　(一)主題と構想
　(二)叙述
　　三　国語の愛護
　　四　国文学と教養
　　五　国語教育者

3) 原典各版を見ると、12 版(古今書院、1937)までは初版(古今書院、1929)と「序」の内容については異同がなく、13 版(古今書院、1938)において「第十三版の序」が「昭和十二年十二月十五日」の日付で付加されている。また戦後刊行の 14 版(古今書院、1965)では「第十四版の序」が改めて付加されており、『全集』は 14 版を底本とし、初版および 13 版の「序」も合わせて収録されている(なお、その旨は『全集』第一巻 p.191 にも明記)。『全集』収録の内容については、仮名遣いや文字レイアウト等を除き内容には異同がなく、異同が見られる要素についても本研究の目的上影響がないと判断した。また、『国語国文の教育』における問題意識は西尾国語教育学を通底するというのが本節の立場であるため、初版からの引用ではなく、14 版に依拠した『全集』のページ数を一貫して示す。
4) 大河原(1968)によれば、テノヒラ型思想とは「認識を具体化の底辺に定着させ、その具体的な個物と価値意識を結合させる思想」であり、「主体と状況との具体的な緊張関係のなかに、コトバのかたちをとって、成り立っている」(p.73)。

第4章 「ことばにならない何か」による「わたし」の形成と合理的行為者性
カント哲学の"課題"としての国語教育

　本章では、国語教育の根源的課題としての「ことばにならない何か」をカント哲学と合流させ、カント哲学の立場から国語教育の在り方を考察することを目的とする。

　前章の考察によって、国語教育の根源的課題としての「ことばにならない何か」との対峙を明らかにした。そして、国語教育が「ことばにならない何か」と真正面から向き合い、対峙するにあたって、「開いた体系」としての国語教育学はカント哲学をパートナーとできる可能性があることが、第三項理論の分析から示唆されたのであった。つまり、ここにおいて、第1章で示唆された「根源的な主体」をめぐるカント哲学の教育的可能性が、「ことばにならない何か」を課題とする「開いた体系」としての国語教育学と接続し、新たな角度から国語教育が構想される可能性が開けてきたのである。

　本章では、国語教育の根源的課題としての「ことばにならない何か」をカント哲学と合流させ、カント哲学の立場から国語教育の在り方を考察することを目的とする。つまり、第1章で明らかにした「わたし」の基礎となる合理的行為者性から、国語教育において育成される学習者の「主体」について理論・実践の双方から考察するものである。

1　問題の所在──「主体」なき「主体性」論議?──

　学習者の主体性を重要視する、あるいは主体性を促進しようという議論は、「主体的・対話的で深い学び」というフレーズが教育界を席巻するはるかに以前より、さまざまな形で展開されてきた。しかし、「主体性」の促進やそのあり方に関する研究が充実する一方で、「主体」とは何かに関しては、国語教育において、十分な研究の蓄積があるとは言えない状況である。住田（2013）

は、2003年から2013年までの読むことの学習・学習者研究をレビューを通して、日本の「読むこと教育」が、社会構成主義的なアプローチが台頭する中で、「自己（I）」と「他者（THEY）」との間に生成されるYOU的世界の構造と働きの解明へ向けた取り組みとなっていったと指摘している。つまり、2010年代初頭の段階では、「主体」ではなく、協働的・対話的なモチーフにおいて「他者」に照らし出される「自己」が問題とされていたということになろう。

　その一方「主体」の問題は、コミュニケーションや子どもの能力といった問題として置き換えられている印象を受ける。「主体性」とは、その語義からすれば、「主体」の発揮する何らかの性質であり、「主体」の在り方の一側面である。したがって、それは「主体」それ自体の説明ではない。そのため、「主体性」を見取ろうとする場合には、次のことが区別されない可能性がある。つまり、その学習者の反応が、「主体」の能力の発動であるのか、それとも単なるスキルの適用であるのかである。つまり、本来的な意味で学習者の「主体性」を見取り、発揮させるためには、そもそも「主体」がいかなるものであるのかを考える必要がある。

　もちろん、国語教育においても、こうした「主体」の問題に目を向け、取り組んできた先人がいる。例えば田近（2013）は、「言語行動主体」という概念を提示し、小田切秀雄の議論を引用・参照しつつ、対自的・弁証法的な自己発展を言語活動において実現していくことを主張した。また、丹藤博文は、近代における「主体」概念を概観しつつ、「もともと近代が生んだ自我概念それ自体が仮構されたものだったのではないか」（p.18）と指摘し、「主体的真実と文学の行為性の交差する場所、子どもの内面が文学によって動かされる時、そこに主体が現象することになる［傍点は原著者］」（p.19）と主張している。

　「主体的・対話的で深い学び」というフレーズにばかり関心が寄せられ、「主体」それ自体に関する議論が手薄であるという現状において、これらの指摘は一考に値する。しかし、いずれの議論も、西洋近代思想のモチーフを国語教育の問題圏に持ち込んだということに留まっている。私たちには、そもそも「主体」とは何かということを立ち止まって考えてみる必要があるのである。

2 「主体的・対話的で深い学び」と「主体」をめぐる問題

　山元他（2020）は、学校教育法に示された「生活に必要な国語」を学習者が「理解」して「使用」することができるように指導や支援を進めるためには、ことばを使うことによって人が身につけることのできる認識能力（認知能力）の内実を明らかにしていく必要があると指摘する。つまり、国語科教育とは、ことばにまつわる認識の問題を扱うのであり、「言語」を1つの視座として、子どもの主体性を育んでいくものと考えられる。また、中央教育審議会（2016）においては、「自分の思いや考えを深めるため、対象と言葉、言葉と言葉の関係を、言葉の意味、働き、使い方等に着目して捉え、その関係性を問い直して意味付ける」ことが、「言葉による見方・考え方」であると述べられていた。このように、ことばによって捉えるものを関係づけたり意味付けたりするためには、言語運用能力を運用する「主体」がまず考えられなければならない。むしろ、「言葉による見方・考え方」とは、そうした「主体」が、ことばの営みを通じて現れたものである。

　したがって、国語教育で求められている「主体」とは、単に「教師主導ではない学び」における学習者ではなく、そうした学習者の活動性の発揮自体を基礎付けるものであると考えられる。この活動性が具体的な局面で発揮されたものが、「主体性」であり、それを促進する学習活動こそが「主体的・対話的で深い学び」であると位置付けられる。繰り返すが、言語運用能力を駆使する「主体」そのものに目を向けていかなければ、その発現としての「主体性」を考えることは本来できないはずなのである。

　山元他（2020）の指摘を踏まえても、国語教育はもはや言語の次元を超え、ことばとして表現される前の段階としての「認識」することそれ自体を、教育的課題として捉えていく必要がある。そして、「主体」をめぐる問題も、こうした「認識」やその形成の自発性といった観点から考えられる必要がある。

　これを「読むこと」に関して表現するならば、「読む」とはテクストに触発されることで何らかの認識を形成することであり、一般的に「文学体験」と呼ばれる現象も、文学作品によって、ある認識が、読み手に対してリアルなものとして立ち現れることと言えるだろう。

しかし、そのリアルなものとしての認識は、言語によって触発され、言語によって説明されるものの、言語に回収・還元されるものではない。「文学体験」とは、自分の持ち合わせることばを越える経験・対象としての「ことばにならない何か」との出会いであるからだ。そして序章においても述べたように、その体験を言語へ回収することの不可能性は、言語運用能力の向上によって解消されるものではない。それは文学や言語にとどまらず、認識することそのものの本源的な問題なのである。

　また、読み手もテクストの構造的分析に終始するのではなく、テクストから立ち現れた「ことばにならない何か」と対峙し、そこから「わたし」のことばを獲得していくような存在である必要がある。つまり、認識を与えるテクストへの見取りと、その「主体」の在りようとは、まさに表裏の問題なのである。

　国語教育における「ことばにならない何か」を、私は、カント哲学における「物自体」として捉えることによって定位する。経験的認識の限界とそれに回収しきれない「何か」を示唆する「物自体」によって、言語の持つ限界を、言語の学びとしての国語教育に積極的に引き入れてみることを試みたい。そして、作品から立ち現れてくる「物自体」を多様に意味づけつつ、合理的行為者性によって自らの「読み」を獲得していく「主体」として学習者を形成していくことを目指す。

　ここで注意したいのは、テクストや言語の「物自体」とは、対象としてのテクストの絶対的・客観的内容のことではない、ということである。「物自体」は、テクストも含め私たちが何事かを経験的に認識する際に立ち現れる「ことばにならない何か」である。よって、そこから獲得される認識は必ずしも対象それ自体の「客観的な」内容とは限らない。あるテクストとの対峙を通して、自分自身の問題が朧げに立ち現れることもあれば、書かれたテクストの伝える物語に、さらに何かを重ねて見取ることもあるだろう。その「何か」が「読む」という行為において立ち現れるのは、それが何かを認識することの１つの在り方だからである。そして、その「何か」を意味付けるということは、そのテクストの絶対的・客観的内容を再構成することではない。むしろその「何か」は、「わたし」の「主体」としての合理的行為者性によって、「わたし」自身の在り方を織り込みつつ、「わたし」の経験として意味付けら

れていくほかはない。そして「読み」を相対化し、その作品をどのようなものとして「読んだか」を決定するのも「主体」としての合理的行為者性なのである。テクストを読むことも認識の一様態であり、ゆえに経験的認識の限界とその向こう側を示唆するカント哲学の「物自体」が、ここに国語教育との接点を持つ意義があるのである。

　その時、国語における「主体的・対話的で深い学び」とは、学習者の「主体」が、「ことばにならない何か」を、たとえ語彙に乏しくてもなんとか自らのことばとして引き受けていくこと、そしてそうして引き受けられた他者のことばとその思いと対峙していくことだと言えるだろう。そして、国語教育の課題は、まずは学習者の「主体」をどうやってことばの「物自体」といかにして出会わせるかという問題に置かれることになる。言い換えれば、ことばの「物自体」に出会わせるとは、自らの、そして自分に差し出されていることばの持つ「限界」を知るということである。その限界ゆえに「語りうること」の内部にとどまろうとするのではなく、「主体」として「物自体」に対峙し、どうにか自分のことばとして表現しよう・伝えようというところに、ことばの学びの切実さは生まれるのである。

　先にも述べた通り、学習者の「主体性」の促進・育成自体は、特に珍しい議論ではない。ただし、その多くは、言語運用能力の発揮・習熟という能力主義的な見取りのもとに考えられている。しかし、表現の豊かさや論理的な精緻さといったことばの表面的な要素からは、学習者の「主体」が真に発揮されているのかは分からない。先にも指摘したように、言語運用能力の発動が「主体性」なのではない。こうした言語運用能力は、学習者の「主体」を促進し、また、彼らが「物自体」と対峙し、自身のことばへと表現していこうとする際の道具として位置付けられるべきである。したがって、重要なのは、言語運用能力の向上ではない。ことばの営みの限界と根源から国語教育を考えようというのが筆者の試みであり、「主体」としての合理的行為者性とは、まさにそのための概念なのである。

　こうした「主体」観にもとづく国語教育においては、指導者には、次の2つのことが求められる。第1に、言語活動に「物自体」を仕組むということであり、第2に、「物自体」を見取るような「主体」をモデル化し、育成す

るということである。

　次章からは、カント的「主体」概念に依拠した国語教育を、特に「文学教育」に焦点を当て、先の2点について考察・提案する。具体的には、筆者の文学教材を用いた実践をもとに、先に「主体」の育成について論じ、その後に作品の「物自体」と文学教育としての力について考察する。

3　「主体」を育てる国語教育

　国語教育は「認識」の問題と対峙しており、それはその「認識」を担う「主体」の問題と表裏である。つまり、文学作品との対峙がことばの学びに不可欠な「ことばにならない何か」としての「物自体」をはらむものであるにせよ、それを見取ることができなければ、文学教育の意義は十分には達せられない。したがって、まずは、目の前のことばの向こうに「物自体」を見取り、それを自らのことばによって捉えていこうとするようなカント的「主体」を育成する必要がある。言い換えれば、ここで育成したいのは、ことばの「限界」に出会い、そのゆえに語ろうとするような「主体」である。本章では、そうした「主体」育成のあり方について、筆者の実践経験を踏まえながら論じる。

　筆者は、ここまで述べてきたカント的な「主体」観のもと、2020年7月から2021年2月にかけて、岡山県の某医療系専門学校で「論理学」という講義を実施した。そして、その総括として、「おにたのぼうし」を用いた研究授業を実施した（詳細については佐藤（2021）を参照。この授業内容の発表については、当該学校の倫理審査を経ている）。

　「論理学」は1年次の必修講義で、学校からは「論理的なレポートの作成能力」を育成してほしいとの依頼を受けていた。

　この「論理学」では、「書くこと」のスキル学習を通して学習者の「主体」を触発し、それによって、今度はその「主体」が、スキルを駆使しながら、自分に立ち現れてきた「物自体」をなんとか言語化しようとすることを目指していた。

　そのため筆者は、学習者が「とにかく手を動かす」ということを大切にし

た。それは、その「手が動く」という手応えや感覚から、学習者が自らの「主体」に気づき、最終的にはその「主体」が学んだスキルを駆使して自らの考えや思いを表現できるようになってほしいとの思いからだった。

3.1　学習者の変容——「書く」から「考える」へ——

　受講者の基礎学力や学習意欲はそう高くはなく、初回講義で「論理」というものへのイメージを問いかけたところ、「自分とは無関係のもの」「賢い人のもの」という反応が多く目立った。したがって、ただ「書くこと」の方法論への習熟を目的とすると、かえって学習者の能力を伸ばすことはできないと考えた。

　そのため、カリキュラム前半は「はじめ-なか-おわり」という形式にしたがって意見を整理するということに集中し、とにかくアウトプットしていくことを繰り返すことにした。その結果、第3回時点では

　「テーマをたくさん出す所までは、出来ました。でも、文章構成が上手くいかず途中で何を書いているのか分からなくなってしまいました。」（Rさん）

というような、自信のなさが伺える反応が散見されていたものの、第5回ごろの学生からの感想コメントには

　「はじめ、なか、おわりでかたにはめると今まで難しいと思っていた文字数が簡単に書けました。特にはじめの部分を一番苦戦していたので、一番簡単に書けて驚きました。」（Sさん）

というように、学習者の「文章を書く」ということ自体への心理的ハードルが払拭され、分からないところを筆者に質問したり、周囲の学習者と話し合ったり相談したりと、自分で考えようとする余裕が見え始めてきた。

　カリキュラム後半では、「考える」という活動の比重を高め、「手が動く」という感覚を「考える」という行為に差し向けさせた。その結果、

　「人それぞれ考え方があって主張があったので面白かった」（Hさん）

など、他の学習者の考え方を理解し、それを面白がる姿勢も生まれてきた。

　その一方、自分で答えややり方を考えて取り組む要素が授業で増えていく中、活動にはしっかり取り組めており、筆者から見ても十分な実力を身につけているにも関わらず、

「レベルをあげすぎだと思いました。わかりにくく、うまく文章を書けていないと思います。」(Pさん)

というように、なおも自分の能力に自信が持てない学習者も少なくなかった。そうした学習者に対して、筆者は添削での声かけなどで自信を持ってもらえるよう働きかけてはいたが、いっそ、「うまく書く」という体裁を気にすることから離れた活動を仕掛けることで、学習者自身の持てるものをぶつけてもらってはどうかと考えた。そしてそのためには、学習者自身が意味を見出し、切実に引き受けざるを得ないような対象を用いなければならない。そこで、文学教材を用い、「書く」ために「読む」という研究授業を行おうと思い立った。

3.2　研究授業：「おにたのぼうし」を用いて

研究授業は、「おにたのぼうし」（あまんきみこ）を題材として、「おにたへのケアの提案書を作成しよう」という単元を考案し、全2時間（180分）で実施した。

単元の流れを以下の表に示す。基本的には「論理学」講義全体の目的である「レポートの作成」を応用した「ケアの提案書の作成」を最終的な言語活動とし、それに向けて、「おにた」とその物語に向き合ってもらうことを授業の狙いとした。

日時		活動内容	評価方法
1/15(金)	導入	「おにたのぼうし」の音読を聞き、作品の全体像を掴む。	なし
	活動1	「おにた」の人物像を、本文の記述をもとに捉え、整理する。	発言 ワークシート
	活動2	おにたと女の子の距離感を考え、図やことばで表し、近くの人とカンファレンスする。	活動の様子
1/21(金)	活動3	「おにた」が消えてしまった理由を考え、彼へのケアを、本文中の内容や自身の経験を根拠に考え、近くの人とカンファレンスを行う。	発言 ワークシート
	活動4	「おにた」へのケアについて近くの人とカンファレンスを行い、自分の考えを、筋道立てて提案書としてまとめる。	作文 (400字以上)

第4章　「ことばにならない何か」による「わたし」の形成と合理的行為者性

　題材として「おにたのぼうし」を選んだのは、「おにた」が人間たちとの関わり方で悩み、葛藤する姿に、1つの「病理」を見て取ったからだった。「おにた」の抱えた悩みを捉え、寄り添い、ケアを考えていくという活動のうちに、「医療人」としての学習者に身につけて欲しい実践的思考を仕組もうと筆者は考えた。

　なお、本実践においては、いわゆる「深く読む」ことや「文学的体験」といった問題は、あくまで副次的な事柄として、学習者が自発的に「切実なもの」を獲得した場合に委ねようと考えていた。つまり、「おにた」への同化や作品への没入よりも、作品において起こっているドラマを整理し、分析し、自分のことばで語り直すことを期待していた。

　しかし、結果として、学習者たちは、単に物語として書かれたことの枠内で論理操作するのではなく、これまで授業で用いた「書く」に関するスキルや経験を生かしながら、文章の向こうの「おにた」の心情や思いを、自分のことばで捉え、表現しようとしていた。

　活動1の段階でも、すでに

　「おにたはいい子すぎる。人の為に何か自分の時間を削れる人。」（Jさん）

　「読後に虚しさ、やるせなさが残った。人間の根拠のない先入観が、1つのやさしい心を殺してしまった結果がおにたの最後の言葉なんだろうなと思った。」（Aさん）

など、作品の読解についてはなんの導入も行なっていないにもかかわらず、作品への没入や「おにた」への同化が見て取れる反応があった。これは筆者にとって、予想外の事態だった。

　活動2では、「おにた」と女の子との距離感の変化に気づいてもらうことを意図しており、活動としても、身体化や図示といった、筆者が想定していた物理的距離の変化にとどまらず、

　「女の子の「まめまきしたいな」という発言があった後に距離感は5mくらい離れてしまったのではないかと思う。［中略］ぼうしだけが残ったのは、すばやいスピードで心の距離と物理的距離が離れたからでは？」（Nさん）

　「心のキョリが初めて会った時よりは縮まっていると思う

　おにたが女の子に対して、女の子の望んでいることをしてあげたので、

女の子はおにたのことを神だと言っているので、心の距離は縮まっていると思う。」（Bさん）

というように、「おにた」の消滅という本作の核心に迫る論点を先取りしつつ、登場人物同士の心理的な距離を捉える学習者の声が目立った。

最後の活動である「ケアの提案書」では、

「人間不信になる事で心が落ち込んでしまうと思ったのでおにたに対して話し（ママ）を傾聴してあげたり、おにたをなだめたりしておにたの心のケアをしていきたいと提案しました」（Tさん）

など、他の授業で学んだカウンセリングに関する知識を援用する学習者も見られた。ここには、自らの目の前に立ち現れたものに対して、自分の思考でスキルや知識を駆使して、自分なりの答えを提示していこうという姿勢が感じられる。また、提案に対する根拠づけの部分に目を向けると、

「おにたは鬼である限り、人間へのおにたの優しさを理解されることは難しい。おにたは人間のことが好きで人間界に来たけれど、人間界では鬼は恐ろしく、残酷な生き物だと考えているから実際は嫌われている。だから恥ずかしがってつのをぼうしで隠したり、天井の上でひそかに住んでいた。そして、「鬼にもいろいろあるのにな…」と自分の中で抑えていた心の声が漏れていた。」（Dさん）

「人間の目につかないところで、人間が言う、「おにのへんけん」（ママ）に対しては、どの場面から見ても、明らさま（ママ）に否定をくり返し、「鬼のことをちゃんと知って欲しい」と言わんばかりの発言をずっとくり返していました。」（Qさん）

と、テクスト上からは明瞭に示されていない「おにた」の心情や意図に触れようとするような見解が見られた。とりわけ印象的だったのは、

「何をしてあげたらいいかわからなかった」

という学習者Bだった。さまざまな可能性が検討できるため、Bは結論として「直接会って話を聞いてそれからケアをしてあげたい」と自らの考えを述べていた。つまり、学生たちは、テクストに接する中で、自らのことばを超えたものに出会い、それにどうにか接近しようとしている。はっきりとことばにできないことを認めざるを得ないような、この物語の「物自体」と出会

うことができたのである。

3.3 「主体」の場としての教室空間と指導者の変容

　学習者の変容やそれを通して析出される彼ら自身の思いや考えに触れることで、指導者としての筆者もまた、彼らへの見方を改め、「主体」を発揮する彼らへの期待や信頼を高めていくことができた。つまり、学習者ばかりではなく、指導者もまた、この実践を通して変容することができたと言える。

　あくまで筆者は「論理学」を通して「書くこと」に関するスキルを学習者に対して提示しただけであり、いわゆる「文学体験」を期待していたものではない。学習者の変容・成長は、授業構想通りである一方、彼らが「主体」としての合理的行為者性を発揮しことば・思考を発露する段階にまで到達したことは、率直に言って筆者にとって予想外であり、驚きであった。研究授業において、彼らが「おにた」と同化しつつ、自分の問題としてケアのプランを構想できたのは、彼らが「主体」として物語の「物自体」に対峙できたからに他ならない。

　言い換えれば、筆者の側もまた、指導者として、学習者を単なる「指導すべき存在」ではなく、「主体」として世界に、「物自体」に対峙する存在として受け入れていくことができていったからこそ、研究授業の成果があると考える。つまり、「主体」を形成することで、指導者と学習者が等しく「主体」として、言語活動や対象としての物語に向き合っていく、言わば「主体の場」として、教室空間が成立していたがゆえに、学習者たちは自らの考えを語り、他者の声に耳を傾け、そして、物語の「物自体」に対峙できたのである。

　本稿が目指す国語教育における「主体」像を再度整理すると、それは、理性的存在としての人間の根源的な能動性、つまりは合理的行為者性であった。そして、こうした「主体」観に基づきその育成を図るとき、もっとも重要なのは、学習者が言語活動を通して、「わたし」の向こうにある「主体」に気づき、ことばの向こうの「物自体」に出会えるかどうかである。つまり、言語運用能力が巧みに使えるか、あるいはことば豊かに自分の考えや思いを表現できているかは、その先の、あるいは別の問題として扱わなければならない。なぜなら、言語操作が巧みであるということは、即座に「主体」の能力の発揮

として、つまりは「主体性」の現れであるとは考えられないからである。むしろ「主体」は、容易にことばにならない何かとしての「物自体」と対峙し、格闘するときにこそ、その苦闘や葛藤として析出される。つまり、ことばの学びにおける言語運用能力の習得カリキュラムは、「主体」としての学習者にとって一種のガイドラインとなるように設計されなければならない。言語運用能力の向上は、学習者の「主体」を刺激し、その営みを促進させることをこそ学びの動機とすべきなのである。

3.4 文学作品の「力」と「物自体」
—— 「おにたのぼうし」の「力」とは何か？——

カント哲学的な立場において、「読むこと」とは「作品の『物自体』に気づき、自分なりのことばで捉えること」であると考えられる。つまり、文学の「力」とは、先に述べたような「主体」が、作品の「物自体」に気づき、引き寄せられるという、一種の関係における力である。

この文学の「力」を十分に発揮するために、授業者は、学習者の「主体」が作品の「物自体」に気づけるような手立てを考えることが求められる。そして、そのようにして国語の教室で発揮される文学の「力」が、文学教材の「力」である。「おにたのぼうし」実践では、学習者の「主体」が発現するのと同時に、同作の持つ文学の「力」、そして文学教材の「力」もまた発揮されていたということになる。

ここで、「おにたのぼうし」が持つ「力」について考察してみる。

「おにた」は「きのいいおに」である。「まことくんのビーだまをこっそりひろってきて」やったり、居着いた家の人々にさりげなく善行をするが、「はずかしがりや」であるがゆえに、「みえないように、とてもようじん」し、それが「おにた」の好意だとは誰も気づかない。おまけに、まことくんは節分の豆を、当然のように「おにた」の住まう納屋にも撒いている。このあまりといってはあまりの扱いに抗するでもなく、彼は「つのかくし」の「ふるいむぎわらぼうし」を被り、「かさっともおとをたてないで」、粉雪降る夜道へと出ていく。

ここには、鬼である「おにた」が、人間と共に生きられることを信じつつ、

そのゆえに人間を信じきれないという葛藤がある。人間はおかしい、鬼にも色々あるのにと思いつつ、「おにた」が人間たちと関われないでいるのは、彼自身が人間たちに受け入れられる可能性を信じきれていないからであろう。

にも関わらず、一方でやはり、彼は人と生きることを信じている。その希望を繋いだのが、豆まきもせず、鬼避けの柊も飾らずにいる一軒の「トタンやねのいえ」だった。しかし、あえて女の子の嘘の通りに食べ物を差し出す気遣いをしながらも、「おにた」はなおも十分に人間を信じることができない。彼はその女の子に対してさえ、角隠しの帽子を取ることができなかったのである。そして、結局彼は裏切られる。「だって、おにがくれば、きっとおかあさんのびょうきがわるくなるわ。」女の子の切なる、そして何気ない一言によって、おにたは姿を消す。彼の消えた後には、麦わら帽子と黒い豆が残っていた。女の子はそれを、「かみさま」の仕業だと捉え、お母さんの病気の平癒を願い、静かに豆まきをする。

ここに描かれているのは、主人公の「おにた」の繋がれなさ、そしてその裏返しとしての繋がりたさにある。そして、こうした「おにた」の葛藤の向こうには彼の「主体」があり、彼の言動の向こうにも、ことばにならないものとしての「物自体」がある。人間世界に関わりながら、人間と関わることに逡巡するのはなぜか。そして逡巡しながら、女の子の前に現れたのはなぜか。彼はなぜ消えなければならなかったのか。読み手である学習者の「主体」が作品の「物自体」に引き寄せられるとき、それは「なぞ」として、彼らに立ち現れる。「おにたのぼうし」を読んだ初発の感想で

「鬼をはらおうとしている人間になぜやさしくできるのか」

ということを捉えた学習者Eは、指導者の発問を待つことなく、自ら作品の「物自体」と出会っていたと言える。したがって、発問としての「なぞ」とは、学習者自らが自由な「主体」として引き受け語ることを通して初めて認識できる。たとえば、活動3における「おにたが消えてしまった理由」という発問は、

「女の子の言葉［佐藤注：「だって、おにがくれば、きっとおかあさんのびょうきがわるくなるわ。」］で鬼がいたら病気になる。→だから、いたらだめなんだ。→消えよう」（Dさん）

に表れるような、「女の子のことを思って自ら身を引いた」という解釈と、「鬼が必要とされてないと思い、たえられなくなったから、消えた。」(Pさん)に表れるような、「女の子の言葉に絶望した」という解釈という、対照的な反応が見られた。これは、「おにた」が消えるという行為の向こうにある「物自体」を、学習者自身の価値観や思いに照らして、自由な「主体」として引き受け、解釈したからこそ生じたことと考えられる。一様にテクストを読解し、そこから客観的な「正解」を探ろうとする姿勢からは、こうした「読み」は決して引き出されない。

つまり読み手は、自らに対して立ち現れた「物自体」としての「なぞ」を、自らの「主体」によって、「読み」として表現していくのである。物語の「物自体」を捉え、「読む」ということは、単に作品を解釈するということではない。

まとめると、「物自体」とは、作品の切実さが描かれきっていない、あるいは意図的に描かれていない箇所に立ち現れる。「おにたのぼうし」は、作品の切実さが明快でありながら、作品それ自体は多くを語らない。ゆえに、学習者は「主体」として「物自体」との対峙を迫られるのであり、そこに、文学教材としての「力」が発生するのである。

4　「ことばにならない何か」で「主体」を形成するための授業構想
——「ごんぎつね」に「声なき声」を聞く文学教育——

以上、「ことばにならない何か」によって「主体」を形成する国語教育の理念について論を展開した。

いくら主張に価値があっても、それが実践として展開できなければ意味がないということも事実である。そのため本節では、「ことばにならない何か」によって「主体」を形成することを具体的にどのように展開するのかについて、「ごんぎつね」(新美南吉)を題材とした単元構想を示すことで実践化への展望を開きたい。

「ごんぎつね」はとても「懐の広い」作品だ。教師も、子どもも、そしてその保護者も、誰もがこの物語のことを知っているし、それぞれの読みを受け

入れてくれる。

　だからこそ、「ごんぎつね」を扱うのは、教師にとって難しい。ただ読んでも十分面白いし、そのことば遣いに着目してみてもいい。しかし、それだけでは何やらもったいない。「ごんぎつね」には、まだまだ"何か"があるように感じる。

　この物語との出会いをできる限り実りあるものにするには、どうしたらいいのだろう。「ごんぎつね」の懐の広さを、子ども一人ひとりのものだけではなく、教室のものとして共有するには、どんな手立てが考えられるだろうか。

　なお、執筆にあたっては、『校定　新美南吉全集 第三巻』(大日本図書 1980) 採録の「ごん狐」を底本とし、必要に応じて、筆者の判断で旧仮名遣いなどの表記を改めた。また作品名については、教科書等でも馴染みのある「ごんぎつね」を採用している。

4.1　教材について——重なり合う「語り」、上書きされる「思い」——

　まず、この作品の「懐の広さ」を分析することから始めてみたい。そのことを通して、本作の「ことばにならない何か」に、まずは授業者が出会っていきたい。

　「読み手」の一人としての筆者は、本作が持つ「語り」の構造に、「懐の広さ」の理由があると考えている。

　本作の「語り手」たちは、物語の当事者たちの声を自らの「語り」によって悪意なくかき消してしまっている。しかし、当事者たちの声は、完全に聞こえなくなったわけではない。それは「声なき声」——つまりは「ことばにならない何か」——として、確かにそこにあって私たちに訴えかけるのである。

　「ごんぎつね」は、当事者を遠く離れて、複数の「語り直し」によって成立している。「ごん」が人間のことばを使うのは、「ごん」の語りが、すでに人間たちによって語り直されてしまっているからである。では、兵十はどうか。おそらく、「ごん」の思いを最初に上書きしたのは、「兵十」の「語り」だろう。そもそもこの物語は、「兵十」が語らなければ、永遠に表に現れることはなかったのだから。しかし、この「兵十」自身の「語り」もまた、それを語

り継いだ「茂平」によって上書きされている。そして、「茂平」の「語り」もまた、「わたし（＝作者）」によって、「ごんぎつね」という作品として語り直されている。つまり、この物語の当事者は「ごん」と「兵十」の二人であるにも関わらず、彼ら自身の生のことばは一回も出ていないのである。

　しかし、この物語には、どうにも「ごん」や「兵十」がいるように感じられる。他人ごととして語られたような雰囲気は、この物語には感じられない。それは、「語り手」たちもまた、「ごん」と「兵十」に起きたことに、自分なりの切実さを感じたからだろう。何かを「語る」ということは、「報告」とは違う。複層的な「語り手」たちも、そしてこの物語に何かを感じてやまない私たちも、「ごん」と「兵十」の「声なき声」に引き寄せられ、何かを「語らず」にはいられないのである。

　だから、「ごんぎつね」という作品は、どのような思いも受け入れてくれる。この作品の「懐の広さ」の理由はここにあるし、ゆえにこの作品を深く読むということは、自分自身と向き合うことにもなりうるのである。

　そして、「ごん」や「兵十」の「声なき声」に気づき、自らの思いを「読み」として語るとき、学習者は、「語り手」やまわりの人たちも、自分と同じように、この物語の「声なき声」に気付き、通り過ぎることができなかったのだ、と気づく。彼らはなぜ「語った」のか。どうして、どのように、この物語の「声なき声」に立ち止まったのか。それに思いをいたすとき、学習者は、自然と「他者」と向き合い、その思いを受け入れようとするだろう。この作品は、「懐深く」読み手を受け入れるだけではなく、読み手の「懐をも広くする」のである。

　では、本作の「懐の広さ」を、どうやって授業に反映していくか？　ポイントは、作品の「声なき声」と学習者を出会わせ、自分のことばとして「語る」ということにある。以下、筆者なりの単元構想を示したい。

4.2　単元構想——茂平になってごんや兵十に手紙を書いてみよう——
4.2.1　単元について

　本単元では、重なり合う「語り」の深奥から響いてくる「ごん」と「兵十」の「声なき声」を聴くことを目指す。そのために注目したいのが、「茂平」と

いう「語り手」である。

　「茂平」には、物語の「語り手」となる明確な動機が存在しない。たとえば、「兵十」は当事者であり、自分の問題として「ごん」との出来事を語ろうとするのは自然なことだろう。また、「わたし（＝筆者）」も、"ごんと兵十の物語"を、「ごんぎつね」という一方の当事者に寄せたかたちで「語り」直しており、ここにも何らかの「語る」動機が考えられる。しかし、「茂平」はこの物語をなぜ「わたし（＝筆者）」に「語った」のだろうか？「茂平」の人物像は明らかにされておらず、彼にとって一体何が切実だったのかは、全くの謎である。

　しかし、1つだけ明らかなことがある。「茂平」がこの物語の「語り手」である以上、彼もまた、「ごん」と「兵十」の「声なき声」を聴き、通り過ぎることができなかったということだ。

　つまり、「茂平」がどのように「声なき声」を聴いたのかを考えることで、私たちは、「ごん」と「兵十」それぞれの「声なき声」により接近できる。先にも述べたように、「ごんぎつね」という物語では、すでに「わたし（＝筆者）」による「語り」直しが起きている。テクストから素朴に物語を受け取ると、「兵十」の「声なき声」はほぼ聴こえないものとなってしまう（もちろん、「ごん」の「声なき声」も十分には受け取れていないのだが）。「茂平」はひょっとしたら「兵十」の思いに強く引き寄せられたかもしれないし、あるいは、「ごん」の側に同化したのかもしれない。「茂平」という「語り手」の謎を逆手に取ることで、私たちには、より深く、そして「兵十」の思いも汲み取れるような「読み」が拓けてくるのである。

　そして、学習者が「茂平」を通して聞こうとする「ごん」あるいは「兵十」の「声なき声」は、その「声なき声」に引き止められる自分自身の思いを反映している。なぜなら、物語に書かれていない謎を埋めるのは、他でもない、読み手自身の体験や経験であるからである。言い換えれば、学習者は知らず知らずのうちに、「茂平」という「語り手」の謎を通して、自分自身の切実さと向き合うことになる。

　学習者たちには、自分の切実な思いに引き寄せられながら、「茂平」や当事者である「ごん」、「兵十」の「声なき声」を聞いてもらいたい。そして、自

分にとって最も切実な「声なき声」と向き合い、それを自らのことばとして「語って」もらいたい。

4.2.2 単元の目標
本単元の目標は以下の通りである。
- 物語の登場人物について、文章中の描写や自分の経験などを根拠にしながら整理し、捉えることができる。
- 語り手の視点から物語を捉え、その思いに気づくことができる。
- 物語の登場人物の心情について、自分で感じたり考えたりしたことを周りと共有し、多様な見方があることに気づくことができる。

4.2.3 単元の展開(全11-12時間、各次カッコ内は想定学習時間)

次	言語活動	授業目標
0	**作品の感想を「お手紙」にしてみよう!** ・新美南吉作品を教室に置いて、自由に、関心に沿って読めるようにしておく。 ・作品への感想を、「作中人物への手紙」という体裁で、一筆箋形式で書いてもらう。 (単元を通じて並行して行う)	・学習へ向かう態度を形成する。 ・「手紙」という言語活動へのレディネスを形成する。
1	**「ごんぎつね」の読み聞かせを聞いて感想を語りあい、お話を整理しよう!** ・授業者が作品を音読するのを聴く。(全員) ・物語の感想を、付箋に一言で表現し、シート(模造紙等)に貼って共有し意見を交換する。(グループ・全体) ・物語の登場人物と、場面の流れを確認する。 ・場面ごとに、物語全体の内容を整理しながら、付箋を場面ごとに貼り直す。(全員) (1時間)	・作品・単元についての興味、関心を持つ。 ・作品の内容を、自分なりに大掴みに理解する。

2	茂平になって「ごんぎつね」を語ってみよう！ ・第1次の活動でまとめた付箋シートを見て、作品の感想を振り返る。（全員） ・茂平になって、目の前の「わたし」に語り聞かせるつもりで、作品を場面ごとに音読する。（全員・一人一人） ・場面ごとに、茂平が語っていた時の気持ちを考え、茂平からの手紙としてシートに貼り、共有する。（グループ→全員） (6–7時間)	・登場人物や舞台設定、場面の展開について理解する。
3	茂平がなぜこの話を語ったのかをインタビューしてみよう！ ・「茂平は、はじめてごんと兵十の物語を聞いてどう感じたか？」「どうして他の人にこの話を伝えたいなと思ったのか？」などについて考え、意見交換する。（グループ） ・グループで話し合った内容を、「茂平へのインタビュー」というシチュエーションで聞き合い、意見を交換する。（ペア・全員） ・「答えに困った質問」をあげてもらい、みんなで考える。（全員） ・「茂平はごんと兵十のどちらに共感していたのか？」について考え、意見を交換する。（全員） (2時間)	・語り手の心情について、場面の展開や他の人物との関係を踏まえながら考える。 ・インタビューに思い浮かんだことは自由に質問して良い。 わからない質問はわからないでいい、あとでみんなで考える　注意付け　ペアワークの前
4	茂平の立場からごんや兵十に手紙を書こう！ ・茂平の立場から、ごんまたは兵十に向けて手紙を書く。（個人） ・手紙を全員で読みあい、共感できるもの・面白いなと思ったものについて意見を交換する。（ペア・全員） (2時間)	・自分の考えを、その根拠と共に形成し、周りの人と交流する。

4.3　各次の詳細

第0次：並行読書、「手紙」という言語活動へのレディネスの形成

　単元全体の下準備として、まずは、新美南吉作品の並行読書を行いつつ、「手紙を書く」という行為に親しんでもらう。

　「ごんぎつね」との出会いを、学習者にとって、新美南吉作品との出会いの機会にもしたい。そのため、「てぶくろを買いに」など、絵本化されている作品を何点か教室に置き、学習者が自由に手に取れるようにしておく。そしてその感想を、「作中人物への手紙」というかたちで書いてもらう。手紙については、一筆箋などで手軽に書けるようにし、模造紙に貼るなどして全員で共有する。

第1次：「聞き手」として物語を楽しむ

　第1次では、授業者による作品の範読を聞いてもらう。これには、本作を文字としてではなく、「語り」として受け取り、作品の「声」を意識してほしいという意図もある。その際、学習者には、読み聞かせを行うように、床に自由に座ってもらうようにする。また、「大事なお話を聞くように、しっかり聞いてね。」などの声かけも重要である。

　続いて、付箋を使って、物語のひとこと感想を全体で共有していく。付箋については、1人1枚ではなく、自由に、思いついただけ書き、貼って良い。

　ひとこと感想というスタイルにした理由は2つある。第1に、「文章」より、子どもたちの直観的な感想を表現しやすいと考えたからだ。また第2に、思わずフッと出たことばは、より「声」に近いからだ。また、「他の人がどう感じたのか」を共有する際には、自分と違う反応に対して、反論するのではなく、面白さを感じ、受け入れるように雰囲気を作っていきたい。

　続いて、作品の登場人物と物語全体の流れを整理しながら、ひとこと感想の付箋を、物語の場面ごとのシートに並び替えていく。こうすることで、学習者には、自分のひとこと感想がどの場面や描写とつながるのかを振り返ってもらいたい。この段階では、「ごん」「兵十」という中心人物と、場面ごとの出来事が把握できれば十分である。「茂平」や「わたし」といった「語り手」は出てこなくても問題ないし、出てくればそれを尊重し、第2次の活動

に生かせばよい。

なお、シートについては、場面ごとだけではなく、「物語全体」のものも用意する。学習者の反応には、場面ごとでは説明しきれないものもきっとあるからである。

第2次：「茂平」から物語を捉える

　第2次から、さっそく「茂平」という語り手から物語を捉えていく。
　作品の全体像をおさえたところで、学習者に、
　「なんでごんって人間のことばで喋れるんだろうね？」
と揺さぶり発問を行う。もちろん「これが作り話だから」という反応もあるだろうが、学習者の中には、「兵十が語ったから」というような、「語り手」を捉えた考えも現れるだろう。そこで、
　「じゃあ、このお話は兵十が自分で話しているのかな？」
と問いかけ、この物語において、実は当事者たちの「声」が塗りつぶされていることに気づいてもらう。ここまできたところで、指導者は冒頭の一文「これは……話です。」に注意を促し、
　「これって、茂平が話したことを「わたし」が聞いたんだねえ。」
　「じゃあ、茂平はどんな気分でごんと兵十のお話を語ったんだろう。」
と、「茂平」の立場になって、もう一度、物語全体を読み進めていく。
　まず、場面を学習者全員で音読させる。第1場面については、冒頭の1文（「これは……聞いた話です。」）を指導者が読み、そのあとから学習者が読むようにする。また、クラスを半分あるいは3つ程度に分け、音読を聞いているグループと、音読するグループとが交代交代になるようにする。
　最後に、5人程度の小グループに分かれ、茂平の場面ごとの気持ちについて、第1次で使った場面ごとのシートを使い、付箋を使って整理していく。なお、本次の付箋は、第1次と色を変えたり、貼る場所を別にしたりして、区別できるようにしておく。

第3次：「語り手」の思いをインタビューする

　第3次では、茂平の「語り手」としての思いを、「茂平へのインタビュー」

という言語活動によって深掘りしていく。インタビューという活動を選んだのは、インタビュアー・インタビュイーという立場を交代しつつ考えていくことで、「聞き手」であり「語り手」である茂平の立場を追体験できると考えたからである。

まず、グループで、
「茂平はごんと兵十の物語を聞いてどう感じたか？」
「茂平はどうして他の人にこの話を伝えたいなと思ったのか？」
などについて考える。

続いて、ペアで「茂平へのインタビュー」という活動を通して、グループワークの結果を共有する。茂平とインタビュアーは交換し、どちらの立場も体験してもらう。また、活動の前には、
「インタビューをしていて新しい質問を思いついたら、どんどん聞いてみましょう。インタビューに答えていて答えが思いつかない、分からない質問があっても、無理に答えなくて大丈夫です。メモしておいて、後でみんなで考えてみましょう。」
と声かけをする。

インタビュー活動の結果は、いくつかのペアに内容を再現してもらうことで、全体に共有する。そして、「答えに困った質問」を学習者にあげてもらい、全員で考える。

最後に、「茂平は、ごんと兵十のどちらに共感していたのか」について、何人かに自分の考えを説明してもらいつつ、全体で意見を交流する。その際には、学習者に
「茂平が喋っているんだと思って、大切に聴きましょう。いいなと思ったら、メモをして残しておきましょう。」
と声かけをし、「聞き手」としての意識を持ってもらえるようにしたい。

第4次：語り手としての自分の思いを語る

第4次として、学習者には、茂平になって、ごん・兵十に手紙を書いてもらう。

学習者自身ではなく、あえて「茂平」の立場になってもらうのには、2つ

理由がある。第1に、茂平がどうして、どのように「ごん」と「兵十」の物語を「語り」直したのかを追体験してもらいたいからである。そして第2に、「茂平」を学習者の仮面とすることで、自分の切実な思いと向き合い、発現しやすくなるようにとの配慮からである。

　ごん・兵十どちらに対して手紙を書くかは、学習者自身に委ねる。手紙の分量はA4便箋1枚程度を想定しているが、もちろんそれ以上でもよい。学習者の実態によっては一筆箋にするなど、さまざまにやり方は考えられる。全体での共有がしやすいボリューム・形式にするといいだろう。

　教室にポストを用意し、書き終わったらそこへ投函してもらう。学習者に、「投函したら返ってこない」という緊張感を味わいつつ、大事に手紙を書いてもらいたいからである。

　書いた手紙は、冊子などのかたちで全体に共有する。その際、名前は書かずにおくか、もしくは消しておく。そして学習者には、共感できるものやいいなと思ったものについて、意見を交換してもらう。

4.4　実践提案のまとめ―「声なき声」と対峙する文学の教室のために―

　繰り返すように、「ごんぎつね」は「語り」の物語である。そして、「語り手」の思い、そして「語り」によって上書きされてしまった「ごん」や「兵十」自身の「語り」など、さまざまな「声なき声」が、私たちを立ち止まらせずにはいられなくする。

　私たちはついつい、「声なき声」を、慌てて自分のことばに取り込んでしまおうとする。しかしむしろ、私たちはひとまず、その「声なき声」にじっくりと耳を傾ける必要があるのではないか。学習者たちにどんな「声」が聴こえ、それをどのように自らの「声」として語り直すのか。それは書かれた物語が「語る」ものの向こうに「声なき声」としての「ことばにならない何か」を予期することであり、それをことばとして表現していくとき、学習者は、多層的な「語り手」たちと同じように、「声なき声」に「主体」として対峙することができるのである。

5　まとめ——カント哲学の課題としての国語教育というアプローチ——

　本章は、第1章のカント哲学の再構成による合理的行為者性の性格と意義、第2章の「開いた体系」としての国語教育学、第3章の国語教育の根源的課題としての「ことばにならない何か」というそれぞれのモチーフを「カント哲学の課題として国語教育を構想する」ことによって統合し、「ことばにならない何か」による学習者の「主体」形成の理論と実践可能性を示すものであった。

　しかし、実践提案を示せたにせよ、ここではまだそれは「理念」に呼応する「理論」に留まる。森（2022）の指摘を繰り返すまでもなく、国語教育学の理論研究は、実践から構成され、実践から問われ直されなくてはならない。

　そのため次章では、本研究の「最終審査」として、筆者と現場教員との共同で開発した文学の授業単元の実践記録とその考察を示す。その営みから、「主体」の形成というカント哲学以来の筆者の関心も、そして国語教育の課題としての「ことばにならない何か」も、その意義を問い直されることになるだろう。

第 5 章 「ことばにならない何か」と出会う文学の教室
「リア王」のリーディングシアターを通した「主体」形成のための実践

　前章では、カント哲学の立場から国語教育を課題として考察し、国語教育の根源的課題である「ことばにならない何か」を「主体」を形成する国語教育の中に位置付け、その実践理論を提示することに取り組んだ。

　本章では、こうした国語教育への展望（森（2011）の言い方を借りるなら「思想的背景」となるだろうか）を持つ筆者が、小学校の現場教員とともに開発し取り組んだ実践から、筆者の主張の射程を示す。

1　単元設定の理由
――「言語運用能力が高い」と「ことばの力」も高いのか?――

　序章でもふれたように、国語科とはどのような教科なのかをめぐる1つの立場として、言語運用能力の向上を目標とするものがある。つまり、語彙を豊かにし、論理的に整合性のあるメッセージを発信できる――言い換えれば「達者に語れる」「筋道立てて説明できる」ような学習者の姿を育てることこそ、国語科という教科が担うべき役割であるという立場である。しかし、「達者に語れる」「筋道立てて説明できる」ということは国語教育にとって本質的に重要なのだろうか。むしろそのせいでかえって「語れなく」なったり、「出会えなく」なったりするものがあるのではないだろうか。「ことばにならない何か」と出会い、今ここの「わたし」に他の在り方が拓けていくこと、そしてそれを自分のことばとして獲得していこうとすること。国語教育における言語の発達を本研究ではそのように見取り、授業化を考えてみたい。

　本研究においては、ことばの学びの原動力になるような「ことばにならない何か」との対峙を仕組む単元を構想した。それを通してこそ、学習者の「主体」が刺激されると同時に、言語運用能力を身につけ、駆使すること――つ

まりは「国語」の授業を受けること——の意義づけもなされると考えたからである。
　ある「典型」を示すために、筆者自身の話をする。
　謙遜していても仕方がないので率直に言うが、筆者は比較的言語運用能力の高い子どもだった。書くことが好きで、話すことも好きで、中学時代にはディベートなどの活動を人一倍楽しんでいた記憶がある。
　また、理不尽なことでへそを曲げて怒る自分の父親がとても嫌だった。理不尽さに対抗するために、筆者は理屈の力を付けていこうとした。中学生くらいまでは政治家になりたかったし、法学部志望から気が付けば哲学に心惹かれたというのも、結局「理屈」の力で問題に対抗していく、それによって安寧を守っていくということへの信頼があったからかもしれない。
　しかし、理屈というものが即座に世界を変えるわけでもないということを、筆者は高校・大学で痛感することになる。筆者の高校は県内一の進学校で、「伝統ある」この学校のすべてが無謬に「素晴らしい」とされていた。しかし、筆者は「もっとこうしたらよりみんなが楽になれるのに」と、その「伝統」に窮屈さを感じていた。しかし、筆者の理屈は「今のままでいい」ことを守る別の理屈と対立し、今になって思うと、そのせいで私はずいぶんと色々な人と仲良くする機会を失ってしまった。
　結局理屈は道具に過ぎないし、改革論の向こうには護教論が控えている。理屈の力は確かに強靭だが、それは必ずしもそれ単独で社会を変えるわけではない。今思えば、彼らには彼らが大切にしていたものがあるのであって、もし相容れないのであればそこを離れればよかっただけだったのかもしれない。しかし、もし仮に筆者の側に何か「より良い世界」への可能性があるのだとすれば、それは、筆者の思考が今ここの世界を相対化することができていたということだと考える。
　私や私の周りの環境をこのように振り返ってみると、言語運用能力の高さには、「語れるもの」の範疇でしかことばや世界と向き合えなくなるという弊害があるように思われてならない。賢いからといって、「正しく」世界が見えるわけでもなければ、ましてや「より良い社会」へと大衆を導くことができるわけでもなんでもない。むしろある種の賢さは、いろいろな可能性に目を

向け、多様な見方を許容するのではなく、自らの高い言語運用能力によって保証された「正解」にのみ到達しようとすることへと繋がりかねない。

　第3章の先人たちも指摘していたように、「言っていること」と「言わんとすること」とは必ずしも一致しない。こうしたことばの本質は、これまで「語れない者」にばかり不利な事態だと捉えられてきた。だからこそ、国語教育はその「格差の是正」のために、学習者に「語れること」「書けること」の力を付けさせようとしてきたのだとも考えられる。しかし、表出されることばの限界は、"強者"である「語れる者」にとっても同じく不利益をもたらしているのではないだろうか。言語運用能力が豊富な知識と合流するとき、ことばは空転し始める。このように言うのが「正解」だ、こうしたことばが求められているという操作的思考が先に立ち、条件反射のように優等生的なセリフが労なく生み出されていく。そしてともすれば、「考える」という営みは、合理性や機智の即妙さ、あるいは卒なさへと変貌しかねない。それが転倒して、「語れること」だけが正解であり、存在するのだと捉え始めることもあるだろう。いつの間にか、「語れなさ」や「ことばにならなさ」は、彼らにとって無能力や無知にも等しいものとして位置づけられ、「通じ合う」ためのことばの力が、人々を断絶させるに至るのである。

　もしこれが学級の中で起こってしまったとしたら、どうか。表層のことばだけを見て、その子が対峙しているものを見ようとしない相互交流の場など、本当にことばの学びの場だと言えるのだろうか。それは国語教育としても、学級づくりとしても大問題なのではないか。

　だからこそ、国語教育の場では、子どもたちに「ことばにならない何か」と対峙し、自分たちの手元にある語彙や一通りの表現では太刀打ちできないような体験をしてほしいと思った。表出されたことばの根源的な限界を知ることで、「語れなさ」の中にも、雄弁さと同等か、もしくはそれ以上の切実さがあることに気づいてもらいたい。

　あらゆる言語運用能力が宙吊りになるような「ことばにならない何か」と出会い、自らの、そして他者のことばとその思いに切実に向き合おうとすること。それが本単元の願いであった。

2　実践授業の概要

本研究では、「ことばにならない何か」の存在に気づき、それと対峙する姿勢を育てることを目的とした単元を設計し、実践した。

2.1　題材設定

本研究では、シェイクスピアの『リア王』を題材とした。

本作のあらすじは次のとおりである。古代ブリテンの老王リアは、3人の娘に自らの財産を分け与えるにあたり、彼女たちの愛情を試そうと考えた。長女ゴネリルと次女リーガンは美辞麗句を弄して父から莫大な財産を引き出すことに成功するが、三女コーディーリアは、父を真摯に愛するがゆえにそれを上手くことばにできず、「言うことは何もございません。」(シェイクスピア 2020: 10)と答えてしまう。リアは激怒し、コーディーリアの土地と権利を姉たちに分け与えた上、彼女を勘当する。その後リアは長女と次女に裏切られ、絶望の旅を続けた果てにコーディーリアと和解を果たす。しかし、長女と次女の策略によりコーディーリアは殺され、リア王も深い絶望の中で息絶えていく。

『リア王』を題材とした理由は以下の2点である。

第1に、本作の根幹には、「ことばにならない何か」をめぐる切実な問題がある。コーディーリアが「愛して黙っていよう(Love, and be silent.)」(同上)と決心したのは、「ことばにならない何か」としての愛の純粋さを保つことに価値を置いたからであり、一方、リアが3人の娘に「語る」ことを望んだのも、ことばによって形が与えられていないものを信じることができなかったからである。つまり、一方は「ことばにならない何か」にとどまり、もう一方は「ことばにならない何か」を退けるがゆえに、語られたことばの次元では断絶せざるを得なかったことが、この物語を悲劇たらしめている。

しかし、たとえばこの物語において、コーディーリアの言語運用能力が「十分に高かった」とすれば、悲劇にはならなかったのだろうか。もちろん、「語れないから語らない」と諦めてしまうことも問題ではある。とはいえ、リア王のことばに対する態度こそが「正当」であると言っても良いのだろうか。もし彼が日頃の行いやコーディーリアの所作、物言いの特徴などを踏まえてい

たなら、この物語とは違う結末もあったのではないだろうか。むしろ、今の自分たちのことばでは分かり合えないのなら、いったんは「ことばにならない何か」に目を向け、そこからお互いにとってのことばを探していくこともできたのではないだろうか。そしてこれは、何もシェイクスピアだからこそ描けたようなシチュエーションではなく、日常生活の中に偏在している（むしろ、だからこそシェイクスピアは現代にもなお生きているのだろう）。作品との対峙を通して作品に内在する問題と出会うとき、学習者はコーディーリアとリア王の問題を、いつの間にか自分のこととして切実に引き受けることになるだろう。本作を読み味わい、演じようとすることは、ことばの限界に直面し、「ことばにならない何か」として自らが「主体」として対峙していくことそのものなのである。

　第2に、本作との出会いによって、学習者の関心を、日本内外の作品や古典作品、さらには幅広い文芸ジャンルへと広げるきっかけとしたいと考えた。国際化や異文化理解を鑑みるまでもなく、自分たちと異なる背景を持つことばの営みや文化に触れることは、自分たち自身のことばの営みを広げ、豊かにすることにつながる。そのため、本単元の底本については、

- 古典文学作品としての『リア王の悲劇』に対する考証が信頼できる
- 戯曲としてのことばのリズムが翻訳に十分に反映されている

という2点をポイントに選んだ。"King Lear"の邦訳には、福田恆存訳（1967）、小田島雄志訳（1983）、松岡和子訳（1997）、安西徹雄訳（2006）など複数の版があるが、本単元では河合祥一郎訳（2020）を採用する。河合はシェイクスピア研究を専門とする英文学者で、訳文には最新の研究成果が反映されており、本作の訳文も舞台上演を前提として作成されているため、条件を十分に満たしていると判断した。

2.2　学習者について

　本研究は、某大学附属小学校第6学年（1組・2組）において実施した。ただし、本研究では、1組での実践にしぼって分析・考察を行う。

　当該学級は、自分の思いや考えを表明しようとする学習者が多く、他者の意見に対しても、体を向けて耳を傾けようとする姿勢が形成されている。ま

た、音読や身体化などの活動には平生から意欲的であり、多面的な言語活動を楽しむことができる風土がある。加えて、授業者 Y（1 組の担任でもある）は、国語教育における「語れなさ」という概念の重要性を認識しており、その視点をこれまでの授業にも多く取り入れてきた。

　本単元では、登場人物の語れなさを体感するとともに、「語れない」ことの価値を概念的にも理解することを通して、「語れない」ことの意味・価値に迫り、「ことばにならない何か」と向き合うことの大切さに気付いてもらいたい。そして、容易な言語化を阻むような対象に対峙することで、自らや他者の思いと接し、その「ことば」と接する難しさや切実さと出会ってもらいたい。

2.3　言語活動の設定

　本研究は、リーディングシアターという言語活動を中心にして構想した。なおリーディングシアターとはあくまで本研究独自の呼称であり、台本を手に持ちながら身振り手振りを交えて朗読を行う活動をそのように呼んでいる。

　こうした言語活動を設定した理由は次の 2 つである。第一に、底本として用いる河合訳（2020）は当然ながら学習者向けに用いることを想定していないため、通常の劇のように台本を暗記することは難しいと判断した。そして第二に、身振り手振りや目線といった要素も用いうるようにすることで、学習者に「表出されたことばだけで伝え合うことには限界がある」ということに直面してほしかった。

　つまりリーディングシアターは、表出されたことばに身振り手振りという要素が付け加わることで、学習者が表出されたことばの向こうにある「ことばにならない何か」へと開かれる活動だと考えたのである。

3　単元の詳細

単元名
　「リア王の悲劇」のリーディングシアターを開こう
日時　2022 年 6 月 3 日〜2022 年 7 月 4 日
対象　某大学附属小学校第 6 学年（2 クラス）

教材 「リア王の悲劇」より　第1幕第1場
　　　（シェイクスピア［河合祥一郎訳］『新訳 リア王の悲劇』角川文庫、2020を底本とする）
　　　※補足資料として石森延男他『小学新国語 六年 上』光村図書、1975

単元の目標
・登場人物の思いや考えの違いや対立を捉える。
・自分でリーディングシアターに向けた資料を作成し、それを活用しながら考えを整理し、深めていく。
・ことばで伝えることの難しさに気づき、自分なりの表現の仕方や表現の受け入れ方を考える。

単元の評価基準
・登場人物の思いや考えの違いや対立を捉えることができる。
・自分でリーディングシアターに向けた資料を作成し、それを活用しながら考えを整理し、深めていくことができる。
・ことばで伝えることの難しさに気づき、自分なりの表現の仕方や表現の受け入れ方を考えることができる。

単元展開
第0次：シェイクスピア作品に触れよう
　単元に取り組む姿勢を形成するために、学校図書館からシェイクスピアに関連する作品を集め、学年に特設文庫を設置しいつでも手に取れるようにした。

第1次：さまざまな表現方法に触れよう
　リーディングシアターの特質を知り、活動に取り組む意欲を形成するために、音読・劇・リーディングシアターを比較し、それぞれの特徴について考えさせた。

第2次：「リア王の悲劇」のリーディングシアターを作ろう
　リーディングシアターを作るための設定資料集を作成しながら、「リア王の

悲劇」についての理解を深め、グループごとの活動に向けた各自の「読み」を形成した。

第3次:「リア王の悲劇」のリーディングシアターのリハーサルをしよう
　第2次で作成した設定資料集をもとに、グループごとで「リア王の悲劇」のリハーサルを行う。途中で別の班と意見交換の時間を設け、演出の意図について議論させた。

第4次:「リア王の悲劇」のリーディングシアターをしよう
　ここまで練習してきた各班のリーディングシアターを見て、演出の意図や気になったことなどについて意見を交流し、議論させた。

単元展開の詳細

次	活動内容	評価方法
0	シェイクスピア作品に触れよう ・学校図書館からシェイクスピアに関連する作品を集め、学年に特設文庫を設置しいつでも手に取れるようにする。(全体)	なし
1	さまざまな表現方法に触れよう［全1時間］ ・「木洩れ日に泳ぐ魚」(恩田陸)の音読をする。(全員) ・「音読」という表現方法の特徴を、「劇」という表現方法の特徴と比較しながら考え、意見を交換する。(全員) ・「木洩れ日に泳ぐ魚」(恩田陸)のリーディングシアターの映像を見る。(全員) ・「音読」や「劇」と比較しながら、リーディングシアターという表現方法の特徴を考え、意見を交換する。(全員) ・リーディングシアターについてどう感じたか、やってみたいかどうかについて感想を書く。(全員)	活動の様子 発言 活動の様子 発言 ワークシート
2 2-1	『リア王の悲劇』のリーディングシアターを作ろう［全4時間］ ◎『リア王の悲劇』と出会おう［1〜2/4］ ・リーディングシアターの「設定資料集」ファイルを作る。(全員)	活動の様子

	・『リア王の悲劇』のあらすじについて知る。(全員)	活動の様子・発言
	・『リア王の悲劇』を音読しながら、分からない言葉や謎を全員で確認・共有する。(全員)	活動の様子・発言
	・『リア王の悲劇』に触れた感想を共有し、初発の感想を書く。(全員)	発言・ワークシート
	〈授業の練り直し・授業者多忙による一時中断〉	
2-2a	◎登場人物の設定集を作ろう① コーディーリア [3/4]	
	・作品の内容を振り返り、「コーディーリアは一言で言うとどういう人物か」について考え、意見を交流する。(全員)	発言・活動の様子・ワークシート
	・「愛して黙っていよう」というセリフについて、	活動の様子
	➢ セリフをどう読むか考え、ペアで練習する。(ペア)	発言・ワークシート
	➢ どのような読み方にしたかをその理由とともに共有し、コーディーリアが「愛して黙っていよう」としたのはなぜかについて議論する。(全員)	
	・「ならば、哀れなコーディーリア。いいえ、そうじゃない。だって私の愛は、この舌よりももっと大きいのだもの。」という台詞について、	発言・ワークシート
	➢ 自分のことを「哀れ」といっているのはなぜかについて意見を交換し、その理由について考える。(グループ、全員)	
	〈授業の練り直し・修学旅行に伴う一時中断〉	
2-2b	◎物語の状況を整理しよう [4/4]	
	・リア王と姉たち(ゴネリル・リーガン)とのやり取りについて、	
	➢ 全員でリーディングシアターしてみながら、お互いのお互いに対する愛情を考える。(全員)	活動の様子
	➢ お互いのお互いに対する愛情を「設定集」にハートの大きさで表現し、その理由について意見を交換し、議論する。(全員)	発言・ワークシート
	・リア王とコーディーリアとのやりとりについて、	
	➢ 全員でリーディングシアターしてみながら、お互いのお互いに対する愛情を考える。(全員)	活動の様子
	➢ お互いのお互いに対する愛情を「設定集」にハートの大きさで表現し、その理由について意見を交換し、議論する。(全員)	発言・ワークシート
	・リア王と姉たち、コーディーリアとの間で思いがすれ違ったのはなぜかについて、「設定集」をもとにしながら考え、意見を交換し深める。(グループ、全員)	発言・ワークシート

3	「リア王の悲劇」のリーディングシアターのリハーサルをしよう［全2時間］ ・ここまでの授業で感じたこと・考えたことや自分の「設定資料集」を活用しながら『リア王の悲劇』のリハーサルを行う。（グループ） ・他の班とリーディングシアターを見せあい、表現の方法やその理由について交流する。（グループ間交流） ・他の班と意見交換したことを踏まえながら、自分たちのリーディングシアターのリハーサルを行い、深める。（グループ）	活動の様子
4	「リア王の悲劇」のリーディングシアターをしよう［全5時間］ ◎リーディングシアターの公演を見合って、意見や質問を交流しよう（全体）［1〜4/5］ ◎『リア王の悲劇』のリーディングシアターに取り組んだ感想を書き、全体で交流する。（個人・全体）［5/5］	活動の様子・発言・ワークシート 活動の様子・ワークシート

4　各時の展開

4.1　1時間目（1次 -1/1）

　リーディングシアターという活動に興味・関心を持ってもらうために、「音読」「劇」と比較しながらリーディングシアターの特徴を捉えてもらった。

　先に述べた通り、当該学級の学習者は平生から身体化や劇化といった活動にとても意欲的であり、学習者らの取り組みへの態度については、筆者・授業者ともにかなり楽観的であった。

　音読・劇・リーディングシアターの比較には、「木洩れ日に泳ぐ魚」（恩田陸）を題材として用いた。題材の検討にあたっては、

- リーディングシアターの公演資料がオンライン公開されている等入手しやすく、編集等の作業を必要としない（※著作権者等による正当なアップロード映像に限る）
- リーディングシアターに原典が存在し、会話文等の脚色が原典の表現から大きく逸脱していない
- 作品の内容や表現が小学校6年生に対して適切かつ適当の範囲内である

以上 3 点を条件とした。つまり、「音読」「劇」「リーディングシアター」の比較が容易であることがポイントであった。

　授業の事前準備として、YouTube にアップされている「木洩れ日に泳ぐ魚」のリーディング公演（https://www.youtube.com/watch?v=6i03esG3ntE、閲覧日 2022/09/15）から適当と思われる箇所を選定し、それに呼応する原作（恩田陸（2010）『木洩れ日に泳ぐ魚』文春文庫）の該当箇所を抽出し、必要に応じて中略を行うなどしながら「音読」用のスクリプトを作成した。加えて、板書計画に基づいたワークシートを作成し、学習者が活動中の議論や考えを整理・記録できるようにした。

　授業ではまず「音読」用スクリプトを用いて、担任と学習者との 1 文交代で音読を行った。その上で、これまでの国語の学習で取り組んできた「劇」と比較しながら、それぞれの表現方法の特徴を考え、意見を交流した。

　おおよそ音読と劇との比較論点が出揃ったところで、「もう 1 つの表現方法」として、学習者にリーディングシアターを見てもらった。その際、見ているのが同じ作品を題材としたものであることや、こうした表現方法をリーディングシアターであることなどの前情報は与えず、目新しいものといきなり出会ってもらうことを重視した。多くの学習者はこれが音読した作品と同じであることに早々に気づき、何人かは手元のスクリプトと映像を見比べるなどしていた。

　最後に、「リーディングシアターについてどう思いましたか？ひとことでお願いします。」と学習者らに尋ねた。学習者らは、

　　SoD　やってみたい。
　　YD　　練習がたくさん必要そう。
　　DM　　ちゃんと 2 人の協力が必要そう。

など、活動に対して興味・関心を示す一方、はじめての取り組みにハードルの高さを感じていることも否めなかった。

4.2 2時間目（2次-1/4）

　本時では、リーディングシアターに取り組む準備を行った。
　ここからの活動については、学習者にファイルを配布し、自分だけの「設定資料集」を作るという体裁で「台本」と「各授業のプリント」を綴じ込み保存・管理させるようにした。本時はその説明を行うとともに、ファイル作りの時間をまず設け、前時のプリントと本時配布する台本を綴じさせた。
　手元に「資料集」が完成した段階で、光村図書版『小学新国語 六年 上』(1975)に採録されている「リヤ王」より「あら筋」のコピーを配布し、授業者の音読によって本作全体の概要を捉えてもらった。その上で、学習者に活動で用いる台本を手渡した。
　黒板には台本に用いた場面（第1幕第1場）を題材とした絵画（*Lear and Cordelia*, Herbert.J.H., 1876）を掲示し、作品世界のイメージが付きやすいようにした。また、本時からの2時間については、作品に関するやや高度な説明などの場面で筆者も補足説明や解説を担当した。
　「あら筋」の段階で作品への関心が高まったのか、学習者らは台本を配布すると集中して目を通し始めた。しかし、次第に作品への難しさを感じ始めたようで、「よく分からない……」という率直なつぶやきが聞こえ始め、教室の空気がやや停滞した。そのため、
　「誰かお試しでリーディングシアターやってみたい人？」
と問いかけても、ほぼすべての授業で率先して意見を述べる SP 児ですら
　「誰かやってみせて。」
と全体の前では及び腰になり、周囲の様子をそわそわ伺っていた。SoD 児が
　「いったん班で練習してみたい！」
と言ったことを受けて、授業者 Y は、5分程度時間を取って各班でやってみるよう指示した。すると、学習者たちは気が楽になったのか、とにかくやってみようと台本を手に試行錯誤をはじめたのだった。つまり、学習者たちは、全体の前でやれるほどの自信はなくても、活動自体はやってみたくて仕方がなかったのである。
　本時のまとめとして、授業者 Y が、
　「自分の第1回目のリーディングシアター、10をマックスとして今回はど

のくらいの出来ですか？」
と全体に尋ねたところ、ほぼすべての学習者が「1」もしくは「0」と自己評価しており、教室からも「ダメダメ」と言った声が漏れていた。何人かに感想を求めると、

> XC　途中から棒読みに近い感じになってしまった。
> SP　あんまり気持ちがこもっていなかったし、あまり周りの人と関わることができていなかった。

と、作品理解と活動の双方に難しさを感じていることが窺えた。
　授業時間が5分ほど余ったため、「リア王の悲劇」やリーディングシアターに触れてみた感想を学習者たちに書いてもらった。感想を書くにあたっては、あえて「何について」ということを絞らずにいこうと筆者・授業者Y間で合意し、
　「はじめてこの「リア王の悲劇」を読んだ感想、あるいは、これからリーディングシアターを作っていく上で台本を見ての印象、思ったこと、気づいたこと、考えたこと、感想、自分の理想、希望、何でも構いません。今思ったことを、忘れないうちにメモしておきましょう。」
と、授業者Yは学習者たちに伝えていた。
　「作品に触れた」という体験の方が印象的だったのか、

> SG　私はリア王の悲劇を読んで、リーガンとゴネリルはせっかくリア王から領地をもらって、そのまま王に対して優しくしていたらだれも死ぬことはなかったのに、なぜ急に王に対して冷たく当たるようになったのかがぎもんに思ったのでこれからリーディングシアターをする時このことも考えながらすすめたいです。
> SoT　リア王の悲劇は、とてもつらかったと思う（リア王）。理由は、子孫ができないし、三人もむすめがいたのに子孫ができなくてつらかったと思う。
> また、亡くなる時、コーディーリアも、領土をあげてよかったなと思っ

て後悔していると思う。
　自分も死、三人のむすめ死んで（ママ）とてもつらかったんだと思う。

と、「あら筋」を踏まえた上で作品に対する疑問や感想をほとんどの学習者が述べていた。ただし、多くの学習者は姉妹と王との人間関係に注目しており、悲劇性の背後にあることばをめぐる問題については、

　　DW　王の人たちじゃ自分たちのそんぞくのために子どもを赤の他人というのはひどいと思った。それよりなにより、愛を領地で表わす、評かするのはよくないと思った。だいいち、けっきょくうらぎられているわけだから物で人を動かすのは難しいと思った。愛は口で表わせれないと思った。
　　DD　私はあら筋には上二人の姉はリア王に対して冷たく当たると書いてあるから、台本に書いてある言葉と全々（ママ）ちがうのでおどろきました。
　　たぶん、上二人の姉は父に好かれるため、多くのほうびをもらうためめに（ママ）ついたウソなんだなと思いました。一方末のむすめは父のリア王に対してとても正直な気持ちを言ってありのままの所が好きです。

の2名が指摘するにとどまった。また、作品解釈とリーディングシアターという活動との関連については、

　　JT　リーディングシアターを読んで思ったことは、ゴネリルとリーガンはリアが言った愛している気持ちが大きいほど大きい見返りがもらえるためだけに愛を語ったのではないのかと思う。だからゴネリルやリーガンを読むときにはウソっぽいいいかたもまぜて言うといいと思う。
　　まだまだリーディングシアターをするにはへたくそだからたくさん読んで練習してみんなにひろうできるようになりたい。
　　ZT　僕たちが読む所は、分かりにくかったり言いにくい所が多かったです。それにリア王のはなす場面で「ここからここまでの全ての領域」と

書いてあったので、ここからここまでという部分をどう表現すればよいのか分からなかったです。動画であったように速さを変えたり音の強弱を工夫してみたらいげんがしめせたり、もっと感情が伝わると思いました。

など、「ウソっぽいいいかた」や「速さを変えたり音の強弱を工夫」といった技術によって解釈したことが再現できる、あるいはしようと試みていた。つまり彼らの多くは、作品への難しさを知識や技術面での難しさであると感じており、作品自体に内在する問題についてはまだ気づいていないということが伺えた。

この時点の学習者らの反応は筆者・授業者ともに想定した通りのものであり、とりあえずは作品に対する知識面（語彙等）での不足を補いつつ、読み進めていく上での「なぞ」を全体で共有していこうということになった。

4.3　3時間目（2次-2/4）

本時では授業者Yと学習者とで台本を通読し、理解が難しい箇所や作品への「なぞ」を全員で共有した。授業者Yは、解説が必要と思われる語句（「栄耀栄華」や「筆舌に尽くしがたい」など）について立ち止まりながら確認し、適宜学習者らから質問を募るなどした。作品に対して難しさを感じている様子だったはずが、当初はほとんど質問の手が上がっていなかった。しかし授業者Yに「本当にわからないところない？あるなら正直に」と促されると、ほぼ全員が手を上げていた。

全体として、作品の言い回しや語彙の難しさに課題があり、音読活動中の姿勢が乱れがちになるなど、題材への取り組みにくさが窺えた。

学習者らの反応を踏まえて授業プランをやや見直す必要が出たことと、修学旅行直前で授業者Yが多忙であるということから、一旦単元を中断して活動を練り直し、次週再開することとなった。

4.4　筆者・授業者による中間討議（1回目）

筆者は、学習者たちにこのドラマを演じることを通して「ことばにならな

い何か」に対峙してもらい、言語運用能力を尽くしてもなおどうにもならないものがあると苦悩してもらうことを重視していた。授業者Yは筆者に理解を示した上で、この実践が筆者の作品解釈に基づき、正解到達主義的になることを懸念した。そして、作品のキーパーソンであるリア・コーディーリアの視点から物語を捉えていくことを通して、両者の断絶に気づかせる授業を提案した。筆者もその構想に同意し、まずはコーディーリアを視点人物としてドラマを整理することで、彼女の抱える問題に気づいてもらうこととした。

4.5　3時間目（2次-2/3）

　本時では、「登場人物の設定集を作ろう①　コーディーリア」と銘打ち、コーディーリアの視点から台本のドラマを捉えることに取り組んだ。

　まず学習者らに対し、「コーディーリアは一言で言うとどんな人物か？」と学習者に問いかけた。そして、ペアワークで「愛して黙っていよう。」を練習しながら、その心情を考えてもらった。

　学習者同士で自由にやっている間は活発な様子であったが、全体の前で発表となると学習者の姿勢がトーンダウンした。ただ、中には何か言いたげに周りの様子を伺っている学習者もおり、「全くわかっていない」というわけでもないという様子が窺えた。そのため、授業者Yが数名を指名し、自分の解釈が誰の立場にあたるかを学習者らに問いかけた。全体での議論はあまり活発にはならなかった一方、学習者の間では、「愛して黙っていよう」、特に「よう」の抑揚に関心があった様子だった。しかし、授業展開の都合で、「愛して黙っていよう」については一旦切り上げ、「ならば、哀れなコーディーリア。」の解釈に活動を移した。ここも解釈が難しい箇所であったようで、学習者の手はなかなか上がらなかった。そのため、再びグループごとの話し合いを挟み、再度全体で意見を交流・整理するという展開とした。グループ活動中の議論はまたしても活発に行われており、彼らが決して何の意見や疑問も持っていないわけではなく、むしろグループ活動のような「非公式」の空間では、あいまいであっても意見を言い合えることが窺えた。

　授業後半になって、周囲との話し合いを通して自信を持ったのか、ことばを選びつつも何とか全体の前でも意見を言おうとする者が現れていた。

DM 「哀れなコーディリア」というのは、口先だけで評価されるような愛じゃないのに、そういうもので評価されるような自分が哀れって意味じゃないかと思って。だから、えっと、リア王が、なんかいね、話して、そう、何かなあ、1ページと3ページの初めに言っている「豊かな領土を…」という部分からわかるけど、なんで口先だけの愛っていう、口先だけで愛を、なんていうんかな、表現して、それだけで評価されて、評価された分だけ褒美ををもらえるっていうふうに、なんていうんかなあ、わかんないけど、なんかそういうものじゃないもので、評価されたいっていう意味で、哀れなコーディーリアってことだと思った。

SP DMくんが言った「口先で評価」っていうのによく似てるんですけど、なんか、あの、3ページの下の方に「不束ゆえ…口に上げることができません」というのがあって、で、なんかその、あんまりことばとかを知らないから、ちゃんと表現できないっていうか、その、なんか自分の愛を、すごい［手振り］、なんかこの、たくさんあるっていうことが表現できないから、それで哀れなんじゃないかなと思いました。

SoD 僕はまだわかってないんですけど、その、ここに「ならば、哀れな…」って書いてあって、ならばっていうのは、前に関しては、リーガンが言ったから「哀れ」っていうふうに読み取れると思うから、なんでその、リーガンが喋った後に「ならば、哀れ」って言ったのかが［気になった］。

　学習者らが「わからない」の沈黙を破り、「わからない」なりに何かを伝えようとし始めたところで本時は終了時間となった。
　学習者の姿に変容が見られつつあったにも関わらず、授業プリントにはおおかた板書と同内容のメモが残されるにとどまっており、筆者と授業者Yは本授業の手応えに不安を感じた。そのため、もう一度授業を中止し、活動を練り直すことになった。

4.6　筆者・授業者による中間討議（2回目）

　筆者と授業者Yとが不安を感じたのは、学習者の活動への反応が思ったよ

りも鈍かったからだった。軽口も含めて全体的に発言が活発な学級であるにもかかわらず、全体の前では意見を言いたがらない今の彼らの姿に、少なからず焦りを覚えていた。そして、筆者と授業者とはその原因を「作品理解」にあると考えた。つまり、コーディーリアを視点人物として考察を深める前に、作品の人間関係や状況設定をおさえられる授業になっていなかったと分析していた。

そのため、次の時間は授業構想を大幅に見直し、人間関係を整理しながら物語を丁寧に捉える方向で合意した。

4.7　4時間目（2次-3/3）

本時は、ゴネリル・リーガン−リア王とコーディーリア−リア王との関係や思惑を比較して、その質的な違いを浮き彫りにしていくことを、「人間関係図」の作成を通して行った。その際、互いの互いに対する愛情をハートの大きさで図示し、その差や内実を直感的に捉え、表現できるようにした。黒板には配布したプリントと同様の掲示をレイアウト通りに準備しておいた。そして、議論の焦点となる姉妹−リア王とコーディーリア−リア王の箇所を全員でリーディングした上で議論・活動に移った。

ハートの大きさという表現方法によって、学習者は問題を捉えやすくなったようであった。まずリア王のゴネリル・リーガンに対する愛に比べて、全体的にゴネリル・リーガンのリア王に対する愛は小さく描かれる傾向にあった。その理由を問いかけてみると、

　　SB　えっと、あの、お姉さんたちは領地が欲しいから、全然思ってなかったけど、ほんとに思ってたよって感じでおっきくした。
　　GK　前の授業でもやってたと思うけど、なんか「栄耀栄華」とかゴネリルが言ってるのは大体はお世辞だと思うから、なんかそれをうまく王に騙して、領地を、まあ、王は元から三分の一から与えないつもりだったと思うけど、貰えてラッキーみたいな。
　　SP　SBさんのやつに付け足しで、大きく見せるっていうので、もともとあれくらいのハートだとしたら、リア王が受け取ってる方のハートまで

大きく見せるというか、差をお世辞とかことばで埋めるっていうか、そんな感じです。

など、リア王には姉二人の愛が大きく「見えている」、見せかけの愛であるということや、姉二人のことばが表層だけのものであることを指摘する意見が多く見られた。また、リア王についても、

> XC　リア王は嬉しかった。自分の力を、なんか、嬉しかったら褒美をすぐ与えるような性格だから、そう言うのを娘側がわかってるから、そう言うのをわざわざ言って、領地を与えた。
> ZD　王は、自分のことをよく言われるとすぐ調子に乗っていろんなことするから、その弱点を姉たちは利用して、領地をもらおうとした。
> DM　本気になりすぎて、周りがよく見えない。
> TZ　リア王は本当のこと、姉たちの本当の気持ちを知ったらショックになるんじゃないか。
> SP　私は別になんかリア王は頭が悪いとかそういうことじゃなくて、自分の娘だから、そういうことをしないみたいな、本当に愛してくれてるんだみたいな、信じてるていうか。

など、次第にリア王の人間像や心情についても理解が深まっていく様子が窺えた。
　一方、コーディーリアとリア王との関係については、コーディーリアのリアに対する愛の大きさに対して、リア王のコーディーリアに対する愛が小さく描かれる傾向が見られた。

> CiC　コーディーリアなんですけど、ことばに言い表せないほどの愛ってことは、めちゃくちゃあるってことだから、愛がおっきいんじゃないかなって。
> JJ　CiCさんの言ったみたいに、誰にも負けないほどの愛があるのに、なんと言ったらいいかわからなくて、結局それが伝わらなくて、リア王に

も誤解を生んでしまった。
CiC　コーディーリアはことばを知らないから、自分の思ってる本当の愛を表現できずに、姉二人がすごいことを言って、コーディーリアが普通のことを言ったから、余計にリア王には愛が小さく感じられたんじゃないかな。
XC　リア王は、コーディーリアに対して「言え」って言ってるのにコーディーリアは言わないから、それに苛立ちがあって、それにまた「なんだこいつは」みたいになった。
YB　えっと、コーディーリアは普通に好きって言おうとしたのに、リア王は先にお姉さんたちが、お世辞というか、褒め称えてて、それでちょっと調子に乗ってて、その後にコーディーリアが自分の思ってることを素直に言ったから、リア王が冷めてしまって、愛が少ないって感じた。
授業者Y　何を比較したのかな。
YB　ことばの量。
SP　なんか一生懸命さというか、お姉さんたちはお世辞なんだけど自分の持ってることばというか、知ってることばを使って一生懸命ことばで言おうとしてたけど、コーディーリアはなんかその喋ってないから、そもそも一生懸命ことばに表そうとしてないように見えてしまった。
授業者Y　そこ重要なんだけど、コーディーリアは一生懸命じゃなかったの？
SP　その、黙れっていうか、しゃべれないという方法も一生懸命考えたわけじゃないけど、まあそのちょっと頑張ってこの愛が伝わればいいなという感じでちょっとは頑張ってたけど……
授業者Y　つまりことばでそうなったと。
GK　リア王の方なんですけど、前の姉たちの方でお世辞でもでっかい愛が届いてるから、それは自分が王として愛されてるという優越感に浸りたいだけで、それに比べてコーディーリアが自分がいっぱい愛を持ってますという言い方をしなかったから、あんまり優越感がなかったから、ちょっと気に食わなかった。

これらの学習者はみな、コーディーリアのことばがリア王に対して物足りないものとして受け取られたということを指摘している。また、XC児、YB児、SP児、GK児はコーディーリアの態度はリア王にとって不満だったと述べている。つまり彼らは、どちらかといえばリア王の立場に共感的なことば観を持っているものと考えられる。一方、CiC児、JJ児はコーディーリアのことば足らずさに一定の理解を示しており、この時点で、学習者の間にもことばに関する断絶の兆しが見られていた。

　前時に比べて議論は活発で、筆者・授業者ともに安心できる結果となった。学習者らによる関係図への書き込みも、前時とは異なり板書以上の内容や工夫、メモが見られ、授業の感想にも

- 「この4人の関係をハートで表すとこの代本（ママ）の意味がわかってきたようなきがした。始めはこの代本（ママ）をみても何もわからなかった。」（QS）
- 「王は王としてふさわしい言葉を娘に求めていて姉2人はそれに達成して領土をもらえたがコーディーリアは言葉を知らなさすぎて小さくなった。最初は全然この話の人物の気持ちや行動が分かっていなかったが授業をしてみんなと理解していくうちに、ちがうところまで考えられるようになってきたと思う。」（JT）
- 「最初は立体化するってなんだ？と思ったけど、人物のやっていることや性格をまとめるとなんとなくわかってきた。
リーディングシアターをするときも人物が今どんな感情を持っているのか、今日やったことを思い出しながらしたい。」（CiC）

など、前時ではわからなかったことが今回の整理の仕方によって捉えられるようになったという声があり、より活動に取り組みやすくなったことが窺えた。

4.8　5時間目・6時間目（3次）

　3次のリハーサルについては、基本的には筆者らは介在せず、学習者同士

で自由に行ってもらうことにした。

　活動の都合、全グループが1教室内に集まって行うことは適当ではないと考え、5時間目については体育館を、6時間目については学内の空き教室を3室確保し、ＨＲ教室を含め、1部屋に2班ずつ練習場所として割り当てた。また活動の様子については、1班ごとに撮影機材を用意し、できるだけカメラの画角内で演技を行ってもらうように指示し記録を取った。リハーサルの中間には意見交流会の時間を挟み、同じ部屋のグループ同士でその段階でのリーディングシアターを見あって、互いに質問や意見を交わさせるようにした。

　6時間目になると、学習者の中から「セリフを少し変えたいがいいか」という質問が授業者Ｙに寄せられるようになった。判断は筆者に委ねられたため、それが彼ら・彼女らのことばとしてどうしてもそうしたいのだという場合は積極的に認めることにした。ただし、「表現が難しくて言いにくい」という理由の場合は、「噛む噛まないはそんなに気にしなくていいから、自分がどういう人物やドラマを伝えたいかをまず大事にしてね」と声をかけた。

　筆者の対応に対して、授業者Ｙは

「質問を受けたその都度許可するのではなく、全体に対して『変えたい場合は変えても良い』と伝えた方が良いのではないか」

と意見したが、筆者はあくまで「学習者自身が必要に迫られ、どうしてもそうせざるを得なくなる」ときに申し出てもらうことにこだわった。その理由は、第一に、台本の表現の中にすでに出会ってほしいことばの限界はすでに見えているし、それは前時までの授業でも共有されてきたと考えており。筆者は学習者らに、それと徹底的に向き合ってほしかった。第二に、リハーサルを重ねるうちに彼らの関心が次第に「うまくやること」に傾いてきており、もし台本の改変をはじめとした創意工夫を最初から許可すると、「面白くする」「舞台セットを作る」というような、本質ではない部分に活動の力点が置かれるのではないかということが心配だった。台本を読み込み、徹底的にドラマと向き合い、この言い方この表現ではどうしても自分が掴んでいるものを言い表しきれない……と葛藤し、台本のことばを思い切って飛び出ざるを得ない。可能なら、学習者の全員が、自然とその境地に辿り着いてくれるこ

とを筆者は期待していた。

4.9　7時間目―10時間目（4次-1,2,3,4/5）

　単元の集大成として、リハーサルの成果を全体の前で発表した。

　リハーサルの意見交流会が盛り上がっていたこともあり、発表会はワークショップ形式で行った。まず全員に「観劇メモ」と銘打ったプリントを配布し、観劇後に感想や気になることをメモしてもらった。その後出演者と観覧者とでその班のリーディングシアターについて気になることや意見を交わさせた。

　事前準備として台本を筆者と授業者Yで読み合わせたところ、1公演5分前後かかることが分かった。そのため、当初の予定では、1回の授業で3班程度回して、全体で3時間で閉じる予定だった。しかし、初回から意見交換の時間が盛り上がったため、授業者Yと相談し、8時間目からは焦らず、1時間で2班進むペースを前提にじっくり議論の時間を取っていく方針に切り替えた。

　10時間目は公演と意見交換を終えても時間に余裕があったので、そこで単元の感想を学習者に書いてもらった。

4.10　11時間目（4次-5/5）

　書いてもらった単元の感想を全員で共有した。これは本単元に限らず、授業者Yが平生よりおこなっている活動である。授業者Yによれば、この活動には大きく2つの意義がある。第一に、感想をじっくりと考え、書くことを通して、自らの思いや考えに手を動かしながら気づくということ。そして第二に、授業中の発言や挙手などでは出会えないクラスメイトのものの見方・考え方に出会い、互いの良さを見つけられるということ。感想の共有は1時間かけてじっくりと行われ、書いた本人が自分の文章を読み上げるが、もし書き足りなかったことや新しく付け足したいことがあれば、口頭で補ってもよいことになっている。授業者Yはそれを講評するのではなく、その良さを積極的に見取ったり、他の学習者とつなげたりする。ただ、学習者の書き振りが達者すぎて、やや虚飾に過ぎると感じたり筆が滑っていると感じたりす

る場合は、「この気持ちについてもっと説明してくれる？」など、掘り下げをおこなっている。佐藤は別の小学校での所用があり本時には立ち会えず、授業者Yにはビデオを回しておいてもらった。

5　単元への考察

　本単元は、リーディングシアターに取り組むことを通して言語運用能力が比較的高い学級集団にことばの限界を知ってもらい、「ことばにならない何か」と対峙しつつ自らのことばを模索する必要性に気付かせることを狙いとして構想されたものであった。

　果たして、その狙いは2つのかたちで現れた。1つは学習者たちの中に、そしてもう1つは筆者・授業者の側に、である。

5.1　学習者らの問題として立ち現れた「語ること」の限界
5.1.1　多様なことばの場としての授業実践——ShY児の事例——

　言語活動としてリーディングシアターを選んだ理由は、それが身振り手振りなどのことば以外の要素を含むために、表出されたことば以外にも目を向けられる可能性があるためだった。つまり、論理性や語彙などといった言語運用能力によらない表出やことばの営みが、リーディングシアターにおいては可能となるのである。

　本節では、その一例としてShY児の姿を取り上げる。ShY児はマイペースで、休み時間などは筆者が記録用に持参した撮影機材を勝手に持ち歩き撮影して遊ぶなど、落ち着きのない男子学習者である。言語運用能力が高い子が学級でもよく発言する関係で、学級全体の言語的環境はどちらかといえば多弁寄りであるが、2次までの全体での話し合い活動においては、挙手によらないものも含め、全くと言ってよいほど発言する姿が見られなかった。授業を直接観察していたときも、記録映像を見返しても、最前列の席に座っている彼が、レジュメに目を落としながら退屈そうにしている姿が印象的だった。そのため、筆者はShY児にとって、これからの単元展開や活動が面白いものとなってくれるか気がかりであった。

しかし、3次のリハーサルにおいては、ときおり調子に乗ってふざけるものの、
　「えーその読み方は違うよ」
　「そうそうそれそれそんな感じ！」
と、自分なりの解釈をしっかりと持って、身体化を通してよりその精度を高めていこうとする姿が窺えた。たとえば、「コーディーリアはなんと言おう？　愛して黙っていよう。」（シェイクスピア 2020: 20）というコーディーリアの独白の演出について、班員で相談していた時のことである。ちなみにこの班（3班）は、リア王：JT、ゴネリル：ShY、リーガン：XiC、コーディーリア：YG という配役であった。

　　ShY　YG さぁ、もう少し勇気出す感じで言ってみて！
　　XiC　「愛して黙っていよう」だけ、全力の声でやってみて。
　　〈YG、「全力の声」と言われ大きな声でセリフを読む〉
　　ShY　考えごとするじゃん、あなた。「どうしようかなぁ」って。それでやるの！

　このやり取りにおいては、XiC 児は「大きな声」という表現技術の側からアドバイスをしているのに対し、ShY 児は「考えごとするじゃん、あなた」と、YG 自身の生活体験とセリフをつなげてみることをアドバイスしている。その他の班の活動でも、2次までの読解内容で台本理解を終えたものとして、「声の大きさ」や「抑揚」などの技術面の工夫に関心が行きがちな学習者が多い中で、ShY 児のこうしたコメントは極めて異質なものであった。
　また興味深いことに、4次のワークショップでの意見交換の場では、ShY 児が積極的に手を挙げ発言を求める姿があった。4次のワークショップにおいて、学習者同士の質疑は

　　SoD　ST くんなんですけど、僕からみたら焦っているように見えて、早めに読んでいるように見えたから、それがどうしてなのかなって。故意的か、意図的か。

ST　なってしまった。[少し口籠もりながら、よく聞こえないが発音が
うまくいかなかったというようなことを言っているらしい]
　SoD　発音とかじゃなくって、スピード。しようとしてそうなったのか。
　ST　最初にやったから、緊張してなってしまった。
　DM　ShDくん[ゴネリル役]とSSさん[リーガン役]の話すスピード
が違ったけど、それって意識してる？
　ShD　一応姉と妹じゃないですか、だから姉の方がハキハキというイメー
ジがあると思うんですよ。だから姉の方が堂々とした感じで、妹は2つ
目の子供ってのを意識してやりました。

というように、特に序盤では技術的な工夫や巧拙を問うような質問が多かっ
た。しかしShY児は、

　ShY　最後のところら辺なんですけど、コーディーリアが「若くして、お
父様、真実を申すのです」ってところで、「ならば良い」を被せてたじゃ
ないですか。「申す」のところで被せてたから、リア王は、コーディー
リアが……（ことばを探す）……あの、ことばを言わないことを認めて、
それが分かりきってたってことなのか。
　YD　そういうことじゃなくて、今までコーディーリアが反論っていうか、
「いうことは何もない」みたいなことを言ってるから、ここ[「そんなに
若くして…」]のところで、急に[コーディーリアの]意見が変わるはず
ないと思って、その辺でイライラが溜まってきて、それで。（2班での質
疑から）

　ShY　リア王に質問なんですけど、最後のところで、「ならばよい」から、
えっと……最初の1行目くらいは呆れた感じだったんですけど、「太陽
の聖なる…」ぐらいは戸惑いって感じっていうか、その、今から親子の
縁を切るっていうわけじゃないですか、リア王も勇気がいると思うん
ですけど、そこら辺ってどうだったんですかね。
　LS（リア王役）　あんだけ怒らせておいて勇気っていうのはいらないと

思います。リア王は短気だから。
ShY　じゃあもう流れで［「縁を切る」と言った］？
LS　流れに任せて言っちゃえーって。
GK（コーディーリア役）　縁を切ることを恐れてない。
ShY　だからもう、［縁が］切れることにも後悔しない［ってことなんだ］。
LS　王様だから。（5班での質疑から）

というように、演じ手が登場人物の立場に立った時にどう感じたか、という視角から質問をし、ことばを引き出していた。これは、リーディングシアターという言語活動を通して、身体性の領域が付加されたために、言語運用能力優勢であったはずの学級の言語環境に変容がもたらされたためだと考えられる。それゆえに、論理や語彙といった言語運用能力によらないShY児のことばが、集団の討議の場にも出ていくことができたのである。

5.1.2　学習者間のことばの断絶の現出──表出されることばの限界──

　次の事例は、リア王とコーディーリアの断絶が、実際に学習者同士の間で再現されたものである。それは、6班の公演の質疑において、ShD児がコーディーリア役のJJ児に質問をした時のことだった。

ShY　コーディーリアに質問なんですけど、セリフはどんどん声がおっきくなってったじゃないですか。それには意味があるんですか。
JJ　リアとのやりとりは自分の意思が固まってて、決断したから、強くはっきりいうようにしました。
〈中略、しばし別の話題で討議〉
ShD　コーディーリアに質問なんですけど、セリフのところは意思が……ということだったと思うんですけど、逆に傍白のところはどうだったんですか。
JJ　ああなのかな、こうなのかなって頭の中で迷ってる感じ。
LB　「愛して黙っていよう」のところで、わざとみたいな感じで、「（JJの読み方を真似。愛して、と黙っていようの間に間がある）」ってやった

んですか？
〈なんか答えがない　班で打ち合わせと確認〉
ShD　質問に答えてなくない？ただ「うん」って言っただけで。なんでそうしたのか［が聞きたかったんじゃないの］。
LB　だから、「愛して黙っていよう」のところをリズミカル的に言ったのはなんでってこと。
SoD　（ボソっと）リズミカル的？
〈フロアの方でも状況を整理するやりとりが。班員間でもどう対応するかを集まって話しているが、質問されている当人は「それじゃない！」というように地団駄を踏む〉
SoD　質問変えればいいんじゃない？「どういう意図でやったんですか」って。
ShD　じゃあどういう意図だったの？
JJ　なんとなく、練習の時からそうしていました。
ShD　わざとじゃない？
JJ　わざとじゃないです。
ShD　じゃあさっきのは？「あえて」っていうのはどういうこと？
〈JJ、ShD の問いかけに立ち尽くし答えない。その様子を受けて、フロアの学習者たちも質問の意図を考えたり、そもそも JJ は何が言いたいのかを議論する〉

つまり、JJ 児が ShY 児による「セリフの読み方の意図」を問う質問に対して「リアとのやりとりは自分の意思が固まってて、決断したから、強くはっきりいうようにしました」と答えたにもかかわらず、その後 LB 児を敷衍するかたちでの ShD 児の質問には「わざとじゃないです」と答えたことを、ShD 児は「矛盾している」と追及したのである。しかし、JJ 児自身は何が起きているのか分からず、スクリプトにもあるように、言いたいことが誰にも伝わっていないことにイライラしていた。
　ShD 児は言語運用能力が高いが、JJ 児のように、辻褄の合わない発言に対して厳しい傾向にあった。また、

第 5 章　「ことばにならない何か」と出会う文学の教室　133

　　ShD　リーガンに質問なんですけど、あんまり感情がこもってないように言ってたのは、一応お世辞っぽく言うならもっと表現を大袈裟にするはずなんですけど、あんまり感情がこもってないように見えて。(4 班での質疑において)

など、自分の意見を「客観的」なものと捉えて相手の主張について質問することもあり、1. において懸念した「言語運用能力の暴走」の気配をやや感じる学習者であった。
　それに対して JJ 児は、自分の興味関心にしたがって一方的に話すなど双方向のコミュニケーションが苦手であり、「わかってもらうように話す」ということに課題がある学習者であった。言い換えれば、ShD 児のことば観は「表出されたものだけを受け取っている」という点でリア王的であり、JJ 児は、「自分の思いに忠実な分、相手にどう伝わるかまでを見通せない」という点でコーディーリア的である。つまり、両者の間には、図らずもリア王-コーディーリアの対立が再現されることとなったのである。
　コメントを求められた筆者は、学級全体に向けて
　「今の二人は、まさにリア王とコーディーリアそのものですよね。」
と発言し、この両者の通じ合わなさから、論理的であることや語彙が豊かであることによっても全ては伝えられないことに気づいてもらおうとした。しかし、その意図が伝わったのかどうかは十分に判断ができなかった。

5.2　授業者の問題として立ち現れたことばの限界

　本単元でことばの断絶に立ち会ったのは、学習者ばかりではない。
　本単元で筆者・授業者がもっとも進行上の危機を感じていたのは、2 次の前半における作品読解の時間 (3 時間目・4 時間目) であった。先にも述べた通り、2 次前半の学習者らは、劇化という活動や試行錯誤を好む傾向にあるにもかかわらず全体の前で表現してみようとせず、また、作品自体に対する議論も深まりを見せるどころか、分からなさに進めなくなっている様子だった。こうした事態は、『リア王の悲劇』が学習者向けではないということを差し引いても、筆者はもちろん、同学級の担任でもある授業者にとっても予想外

のものであった。そのため、筆者・授業者は、どうやったら学習者らをこの物語、そしてそこに宿る「ことばにならない何か」と出会わせられるかを必死に考えた。その解決策が4時間目の「図式化・構造化」であり、結果、冒頭から積極的に学習者らから発言が出てきたり、全体の議論が学習者同士で回って行ったりするなど、授業の雰囲気は格段に改善した。3時間目は「失敗」であり、4時間目が「成功」したからこそ、その後の展開についても安心して進めることができたと、単元終了時の筆者・授業者は考えていた。

　しかし、分析対象として実践を落ち着いて振り返ってみた時に、むしろ「分からない」に出会い、「分からなさ」と葛藤していた時間があったからこそ、その次の時間で子どもたちはそれぞれの捉えたものをそれぞれの仕方で表現できたのではないかと考えた。たとえば、2時間目の台本通読の映像を見直していくと、授業者Yが語句解説を進めていくほどに、学習者らの手はどんどんあがり、挙手外での質問やつぶやきも目立って多くなっていった。また、筆者らが「停滞」と捉えていた3時間目についても、学習者らは決して停滞していただけではなく、分からないなりに何かを捉え、表現しようとしていた。つまり、3時間目から4時間目にかけての筆者や授業者Yもまた、知らず知らずのうちに、本単元が出会わせようとしていた問題に直面していたのだった。リアがコーディーリアの愛を認識すらしなかったように、学習者の反応を、表出された書きことばとしてはもちろん、発話など、明瞭に「そこにある」というかたちになりきっていなかったがゆえに、あたかも存在しないもののように捉えてしまっていた。そして、4時間目の「ハートの大小」という表現にたどり着いて安心したのは、学習者たちだけではなく、筆者らもだったのである。

　単元構想者である筆者は、明瞭なことばによる表出を学習者の学びのゴールとしていたわけではないつもりであったし、表出されたことばでのみ学習者を見取ろうとしないように意識していたつもりだった。しかし、実践を具体的に構想する中で、筆者もまた「理解したものを具体化できるようにする」ことによって学習者を評価しようとしていた。つまり、「ことばにならない何か」がことばになっていないがゆえに捨象されるという問題は、国語教育の実践を構想し学習者の取り組みを評価するにあたっては、もはや意識すらさ

れないほどに根深いものであることを、現場の姿から痛感したのだった。

5.3　単元の振り返りから

　では、学習者自身は、本単元をどのように受け取ったのだろうか。
　第4次の最後に学習者に書いてもらった単元の振り返りを見ると、

　　最初「木漏れ日に泳ぐ魚」のリーディングシアターの映像を見た時、本当にこんな難しそうなのがわたしにできるかなぁと内心思っていました。でもリア王の悲劇の人物の事を授業で考えていくと、登場人物の性格とか、心情とか、色々な事が分かって、リーディングシアターを初めてやった時も少しやりやすかったです。本番ではきんちょうしたり、「愛して黙っていよう」のところをリズムみたいに言わないように気を付けるので、「愛して黙っていよう」のところを少し早く言ってしまったけど、その他のセリフは結構できたと思います。またやりたいです。（LB）

　　最後のリア王の台詞の最初「ならば〜」の部分でリアの怒りを表現するために座席を手で軽くたたく予定だったのができなかったのにくわえ全体的に早口になってしまった。
　　さらにリーガンにも指をさす予定だったのにそれもできなかった。
　　だから次リーディングシアターをやる時は落ちついてやるようにしたい。（TZ）

　　始めに（ママ）「リーディングシアター」を見た時は「難しそう」「協力が必要」という気持ちだったけど、何回もするたびに工夫する所を見つけたりもっと工夫することができた。どいう風に（ママ）セリフを工夫するかは班によってちがい、早口にしたり声を大きくしたり小さくしたり感情をこめたりしていた。たとえばコーディリア（ママ）の「愛して黙っていよう」をコーディリア（ママ）が決心しているかしていないかが班によってちがった。
　　リーガンを自分が表現する時に、姉よりも上を行こうというあせりを表

現するのが難しかったが、どう工夫するか考えるのも楽しかった。また「リーディングシアター」をしたい。(PS)

リーディングシアターでやったリア王の物語ははじめ見たときにむずかしい言葉がたくさんあって不安だったし練習のときもどういうふうに読めばいいかわからずむずかしかったです。だけど本番では自分てきにはうまくできた気がしました。他のはんの人も読み方をいろいろ工夫してすごいと思いました。(QS)

というように、リーディングシアターという活動に対して達成感や面白さを感じている一方、技術的な完成度を終着点として、自分の活動や表現に満足している学習者が多く見られた。2次前半の様子からも伺えたように、彼らにとって率直に「分からない」を認めたり、もしくは自分の理解が「不十分」である可能性を受け入れたりすることは難しく、そのために、何らか「成果」としてあげられることを書いたということは考えられる。今回は筆者の意向で学習者の反応をできるだけ方向付けないようにしていたが、「ことばにならない何か」と対峙し、「分からない」を受け入れていくという単元の目標を踏まえた上で、「リア王」が素直になれる「振り返り」を設定できればよかったと考えられる。

その一方で、

始め（ママ）の授業の状況を整理するのでは、あまり話の内容がわからなくて、「たぶんこうだな」という気持ちだったけど、どんどん授業をしていくうちに「なるほど、こうゆう（ママ）気持ちか」と理解することができた。
リーディングシアターではセリフの言い方を考えていくうちにまたわからなくなることがあったけど楽しくリーディングシアターができたと思った。(JiJ)

のように、活動を深めていくほどに「分からない」に出会う学習者や、

第 5 章　「ことばにならない何か」と出会う文学の教室　137

> 私が一番むずかしかったのは、「姉の言葉では全然足りません。」の所が一番むずかしかったです。
> です。(ママ)
> リア王はなぜ言葉だけで領土を決めたのかがまだわかりません。
> GK さんがコーディーリア役で全然お世辞みたいな感じではなくて本当に思っているような感じですごかった。(SoS)
> ゴネリルを演じるのはむずかしかった。おせじを言っているのに信じさせるように言うのが特にむずかしかった。コーディーリアの傍白の所を傍白ぽくみせるのもむずかしかったと思う。ゴネリルとリーガンは班によって言い方が違ってあえておせじ感を出している班やおせじ感を出さない班などがあった。リア王もおどろき、怒り、あきれなどいろんな感情があった。リア王は、どうしてコーディーリアのことだけ信じてあげなかったんだろう。(SP)

と、活動を通してかえって「分からない」に出会い、新たななぞを見出したり、

> 最初に木漏れ日に泳ぐ魚のリーディングシアターを見て、リーディングシアターとは何なのかを学び、自分もやってみたいと思ったけど、実際にやってみるとすごくむずかしかった。特に自分が思っているゴネリルをみんなに伝えるのが大変で、どうすればみんなに伝わるか、必死になって考えた。(XC)

と、「再現」を通して「ことば」で表現することの限界に対峙し、苦悩していた学習者の姿も見られた。とりわけ、5.1.2 で顕著に「コーディーリア的」な傾向を見せた JJ は、

> 私はコーディーリア役をしたけれど、初めて(ママ)、台本を読んだ時、コーディーリアがーばんキャラがぼやけているかんじで、こういう性格だなとか、こういうことが言いたいんだななどがはっきりしなかった。自分の班のメンバーとリーディングを作る時も自分の中でコーディーリ

アがあらわせなくて難かしかった。最終的にはイメージがつかめたけど、本番で質問に答えられなくて少し怖かったし、悔やしかった（ママ）。自分が思って完ぺきだと思っていたけど、コーディーリアがどんな性格かがよく分っていなかったから、質問に答えられなかったのだと思う。また、チャンスがあればまたよく性格を理解して、ちょうせんしたいです。

と、自らに対して「ことばにならない何か」としてコーディーリアが切実に立ち現れ、それと格闘してきたことを（本来用紙1枚分のところ、なんと2枚にもわたって）率直に語っている。しかしながら、JJはその「分からなさ」を自分の言語の能力不足にのみ帰しており、「分からなさ」や「語れなさ」を単元の中でもっと明瞭に価値づけるような働きかけを提案していたら、彼女の振り返りももっと違うものになった可能性がある。

こうした学習者の反応から、筆者は、国語教育が無意識のうちに育ててきた「リア王」的言語観の根深さ、それを顛倒させることの難しさを突きつけられた。それはことばの本性に関わるものという意味で、指導者にも学習者にも等しく立ちはだかっている。つまり、指導者や国語教育者にとっても、自らのよって立つ授業／国語教育観を反省する必要が示されている。国語教育における「主体」の形成はただ方法論によってのみ成し遂げられるものではなく、指導者の「主体」の形成や「ことばにならない何か」へと向かう姿勢にかかっているのである。

その一方で、「分からなさ」と出会い続けた学習者は、「ことばにならない何か」と対峙しながら自らの「主体」を駆使し、なんとか自分のことばとしてそれを獲得しようと格闘していた。それは時としてブロークンな表現や身体表現として表出するが、それは決して「不十分な」ことばではない。むしろそうした断片的で漸近的な表現にこそ、表層的で機械的な言語運用能力ではない、「主体」による「ことばにならない何か」との対峙が見てとれるし、そうした体験を通してこそ、自分自身のことば、そして「わたし」を獲得していく原動力としての「主体」は形成されていくのである。

つまり、本単元は何らか「評価」の対象となるような言語運用能力や技能を育成するものではない。本単元が学習者に与えたかったのは、国語の学び

そのものの「出発点」である。何らか「成功体験」として終わっていった学習者にとっても、「分からなさ」と出会ったままになった学習者にとっても、本単元の中で起きたさまざまなことばをめぐる自他の体験は、いずれどこかで出会う根源的な事態である。ある日突然何の脈絡もなく思い返して合点がいくこともあるだろうし、同じことに出会って、自分自身が悲劇の当事者となったそのときにはじめて思い当たるかもしれない。いずれにせよ、もし国語教育がことばの学びであり、ことばによって生きていく力を形成するものなのであるならば、具体的な能力の定着だけではなく、こうした根源的な「体験」を仕組んでいく必要があるのではないか。本単元はそうした「体験」の一例であり、5節に示した学習者・指導者の反応や変容からは、そのような「体験」が国語教育の原動力として可能性があることが示唆されているのである。

6　実践から理論を振り返って──ことばの限界に直面し、「ことばにならない何か」と対峙しながら自分のことばを獲得する「主体」の姿──

　行論の締めくくりとして、本単元の成果及び課題を示す。

6.1　「ことばにならない何か」を授業実践に位置付けるとはどういうことか

　単元を通して、学習者らはさまざまな限界と対峙していた。第1に、少し背伸びした文学作品の「語彙」や「表現」という情報面での限界。第2に、ドラマのシチュエーションを把握するという理解上の限界。そして第3に、ようやく自分が得たものをできるだけ他者に伝えようにも、常に「ことばにならない何か」が立ちあらわれるという表出されたことばやその能力の根源的限界である。

　この第3の限界は、学習者だけではなく、筆者・授業者にも同じく課せられる。「ことばにならない何か」は言語運用能力の向上によって消し去ることはできず、むしろ何かをより良く「見よう」「捉えよう」とすればするほど、そのものの向こうに立ち現れてくる。であればこそ、西尾実は「推敲」とい

う絶えざる反復によってその対象に向き合うことを「行的認識」という言い方で主張した（第3章3節）。そして田中実にとっても、「読み」はその都度一回限りの「〈主体〉がとらえた〈客体〉」であり、作品そのものは私たちにとって「了解不能の《他者》」であり続けたのである（第3章4節）。

　程度の差こそあれ、「リア」や「コーディーリア」は確かに存在し、そして日々いろいろな仕方で「リア王の悲劇」は絶えず再演されている。「ことばにならない何か」や表出されることばの限界をめぐる問題は「生み出された」のではなく、すでにそこにあるのである。たとえば、第5章5.1.2節で示したShD児とJJ児の事例を思い出してもらいたい。言語運用能力が高い分「ことば足らずな」意見を受け取られないShD児も、自分の言いたいことをうまく伝えられずに自分に閉じこもってしまうJJ児も、学習者の姿としては珍しくはない。しかし、両者の断絶は多くの場合JJ児の「能力不足」として受け止められ、ShD児のことば観や認識（そして教師自身）の側にも問題があるとは考えられていないのではないだろうか。

　また、たとえ問題として受け止めてはいても、第2次冒頭の筆者・授業者がそうであったように、それを具体的な実践として展開したり、学習者の言動を見取ろうとしたりするときに、「ことばにならない何か」はつい捨象されてしまう。むしろ国語教育は、「ことばにならない何か」を消極的概念として捉え、言語運用能力の向上によって「ことばにならない何か」を消滅させようという方向に努力を重ねてきてはいなかっただろうか。

　筆者の背景とするカント哲学は、「理性の限界」の策定という国語教育と異なる目的から、「主体」としての合理的行為者性と物自体という概念によって同じ関心に辿り着いていた。であればこそカント哲学は、国語教育の問題を、国語教育内在的な視点とは違う角度から自らの課題として考察し、「開いた体系」としての国語教育学の中に飛び込んでいくことができる。第4章はその理念を、本章はその実際を示したものである。

　もちろん、コーディーリア（そして、彼女のような言語観を持つ者）にも、自分を開いていくためことばの力はあらまほしきものである。しかし、リア王の側の言語観、つまり「語れること」の枠内でのみ世界を捉えようとする態度が「正しい」わけでもない。コーディーリアの苦悩は実はリアのもどかしさと表

裏一体であり、どちらも巻き込んだ新たなことばの場を、それぞれの「主体」によってどう作っていけるのかこそがより本質的な問題なのである。

6.2　文学教育には何ができるのか——「主体」の形成という観点から——

　そもそも、筆者が「ことばにならない何か」による「主体」の形成を授業化しようと考えたときに「リア王の悲劇」という文学題材を選んだのは、「ことばにならない何か」と最も切実に出会えるのが文学であると考えていたからだった。

　文学では、書かれたことを情報として整理するだけではその作品を「分かった」とは言えない。なぜなら「書かれていないこと」を補完するとき、それが作者によって仕組まれた間隙であろうと読み手によって独自に開かれたものであろうと、書かれていない以上、読み手自身のことばによって描き出されるほかはないからである。文学を読むという行為にあって、私たちは書かれたことばや手持ちの語彙・表現を乗り越え、自分なりの「読み」を獲得していく他はない。その獲得のうちに、筆者は「主体」が、「ことばにならない何か」によって触発され、形成されていくプロセスを見出したのである。そしてこのプロセスは、文学教育において追求され、価値づけられてきた「文学体験」に他ならない。

　一般的には、基本的な言語運用能力・知識の習得があって、その先に文学教育があると考えられており、「ことばにならない何か」を国語教育学のその出発点においてすでに課題として見据えていた西尾ですら、文学をそのように位置付けていた。しかし、文学との出会いは、学習者を「ことばにならない何か」へと向かわせ、自分なりの表現を獲得していくという体験である。つまり文学体験とはことばの獲得そのものに関わる体験であり、したがって文学教育はことばの学びの「最後」ではなく、むしろ出発点にあるとも考えることができる。

　「ことばにならない何か」を潔く認めてこそ、言語運用能力の学びもその人にとって切実なものとなる。だから国語の授業では、まず「ことばにならない何か」と出会い、なんなのか分からなくてモヤモヤすることを受け入れ、自分のことばを獲得していく「苦闘」を楽しむことが大切である。全員が等

しく、それぞれの仕方でモヤモヤしているからこそ、お互いに「こうじゃないか」「ああじゃないか」と言い合えるし、ことばを通して伝えようとする姿勢や意欲も育まれるのである。明瞭なことばや言語運用能力だけを重視しては、かえってことばの学習は成り立たない。

　文学はすべての人を宙吊りにする。であればこそ、その宙吊り体験は、もしそれが切実なものであるならば、どんな学習者にとっても「伝えたい」「表現したい」という原動力になる。ゆえに、文学教育はあらゆることばの獲得の根源的動機へ、そして「主体」へと立ち返り、「わたし」を獲得し、形成する機会として新たに位置付けられるのである。

6.3　本単元の課題

　本単元の課題として、次の2点が指摘できる。

　まず1つ目に、教師から学習者に対する働きかけの問題である。正解到達主義に陥ることを避けたかったことと、「ことばにならない何か」との出会いは、結局は学習者自身の気づきによるものでなければならないとの思いから、筆者はあえて、振り返り活動や話し合い活動において「書いてほしいこと」「言ってほしいこと」を焦点化しないように授業者Yに依頼した。その方針には授業者Yも賛意を示してくれており、実際そのように進んだからこそ出てきた学習者の姿やことばもあった（たとえば、3次におけるセリフ変更の申し出など）。しかし5.3でも言及したように、これまで「説明する」「語る」という力を伸ばしてきた学習者らは、「ことばにならない何か」というものの分からなさに開いていくよりも、むしろ本単元で「語れた」ことの側に向かっていったのだった。リーディングシアターという活動の意図も含め、「何を考えてほしいのか」については焦点を絞って学習者に提示しても良かったと思われる。

　2つ目は、本単元の成果から国語科における評価をどう構想するかという問題である。筆者も授業者Yも、本実践はことばの学びの根源的な問題と出会うという「体験」の機会であり、評価の対象とはならないものであると認識している。そして、国語科の学びにあっては、こうした「体験」こそがむしろ評価の対象を基礎付けるのだとも考えている。つまり、本実践をこれか

らの国語教育に位置付けるには、国語科独自の評価の視点が必要となるだろう。
　以上2つについては次章、本研究の総括においてあらためて考察の対象としたい。

結章 「ことばにならない何か」からはじまる国語教育とは何か

　前章では、筆者と現場教員による単元開発とその実践を示し、具体的な教室の姿から再度筆者の理論を問い直してきた。本章ではまず、実践において提示された2つの課題を、筆者の国語教育論全体への示唆として引き受け、より綿密な考察に取り組んでいく。

1　教師の働きかけはどのようにあるべきなのか？
　　──教室における教師の「主体」の姿──

　第1の課題は、教師による学習者への働きかけをめぐるものであった。
　教師による学習者への働きかけと、いわゆる「主体的な学び」の実現とには、実にアンビバレントな関係が成立している。
　まず、教師の働きかけが強過ぎて、教師の与える文脈に学習者が収まっていったとしたら、たとえ学習者が積極的かつ活発に活動していたとしても、その授業での学習者に「主体性」が認められるとは言えない。なぜなら、それは結局、教師が考える学習者の「主体性」が活動を通して見取られたに過ぎないからだ。
　しかしその一方で、教師が学習者の活動に全く介入せず、学習者の「自主的な」行動に学びを委ねたとしても、そこでの学習者の言動が「主体性」の表れであるとは言えない。なぜなら、結局その時発揮されている学習者の「主体性」もまた教師の考える「主体性」であることを免れないからである。また、もし仮に学習者の言動が本当に「主体的」なものであるとしても、その場合は彼らには「主体性」が授業の活動に先立って形成されてきているのであって、いずれにせよ、その授業によって「主体性」が育っているわけではないのである。

どうしたらこのようなジレンマを脱し、学習者の真の「主体性」を育てることができるのだろうか。そのための筆者の提案は、「主体性」の育成ではなく、「主体」へ働きかけて「わたし」の形成を図っていくというものである。

第4章で示したように、「主体性」とは「主体」が具体的な状況に即して発揮する能力であるが、そうした能力は「主体」がなくとも形成されるし、発揮されもする。つまり先のジレンマは、「主体」が形成された結果にすぎず、他の要因によっても発揮されうる具体的な能力を「主体性」として受け取り、見取っていこうとするところに生じたのである。

もしそうであるとするなら、学習者に対する教師の介入についても、その性質やあり方を見直す必要がある。なぜなら、先のジレンマにおける教師の介入は、「主体性」というある具体的な能力の発現や形成を促進することを目的にしていたからである。

そもそも、教師が学習者の「主体性」を形成できるとはどういうことなのか。そんなことがありうるのであろうか。このような発想が成立するためには、実際に教師が「主体」として完全であり学習者を「未熟な存在」として見做しうるか、あるいは「主体性」を具体的な何らかの能力として捉えた上で、その能力への習熟を尺度として学習者を見取っているかのどちらかを前提とすることになる。しかし、前者は理念を目標と取り違えており（そのようなことは「理念」である必要すらない）、後者は先の議論で本質的な「主体性」の形成には寄与しないことが明らかになった。

つまり、教師の働きかけのあり方を考える上で、教師は2つのことを放棄して良いということになる。1つ目は繰り返し述べているように、具体的な能力としての「主体性」なるものを形成し見取ろうとすることであり、もうひとつは、教師が学習者に対して完全な「主体」であると考えること（あるいはそのように振る舞おうとすること）である。

第4章で筆者は、「ことばにならない何か」に対峙する「主体」の形成は、学習者ばかりではなく教師にとっても等しく課題であるということを指摘した。教師の側も「ことばにならない何か」との対峙を通して、いまここの「わたし」を「主体」によって常に更新させているはずである。つまり、本研究の見通しでは、教師はそもそも完全な「主体」などではない。だから教師は安

心して、「完璧」であることから降りて、学習者とともに悩み考えればいいのである。

　では、学習者とともに悩み続ける教師の「主体」にとって、学習者への働きかけとはどのようなものでありうるのだろうか。

　教師の働きかけの問題とは、「主体」として対等な教師と学習者とのコミュニケーションをめぐる問題であると考えられる。教師が正解を握っていて、それを学習者に示すのではないし、そもそも、学習者の反応など完全に把握しきれるはずがない。教師にとって、学習材はもちろん、学習者の思いや考えも「ことばにならない何か」なのである。

　こうした視点から、あらためて「リア王の悲劇」における筆者らの働きかけを振り返ってみる。筆者らは、「『ことばにならない何か』やことばの限界という問題に気づくきっかけさえ投げかけておけば良い」という思いから、学習者への働きかけや介入を最小限にとどめようとしてきた。しかし実際には、そのように振る舞うことで、学習者が筆者らのストーリーに乗っていくことを期待していたのだった。つまりコーディーリアのように、「言わなくても自ずから分かる」という見通しを持っていたのである。だからこそ、リア王的なことば観に生きている学習者たちは筆者のストーリーに乗ることなく、技術的な完成度という尺度から単元を振り返ったのである。

　つまり、教師の側に立つ筆者らもまた、学習者に立ち合わせたいと願っていたことばの限界と断絶を、自分たちの問題として引き受けるべきであったということこそが、本質的な課題であったということになるだろう。学習者が自身の知識や既習のスキルを駆使して自らの思いや考えを表現しようとすることと、授業者が学習者への働きかけや発問を考えることとは、学習材としての「ことばにならない何か」に「主体」として対峙するという点で同じことなのである。

　いまここの「わたし」をも相対化しうるような「主体」は、何もせずとも形成されるようなものではない。しかし、「主体」が形成されなくても、学習者は育っていき、大人になってしまう。リア王の姿は、その極北に他ならない。だからこそ、教師による学習者への働きかけは、自身の「主体」を駆動させていくようにして構想していく必要があるのである。

2 「主体」を「評価する」こと──国語教育における評価の二重性──

　第2の課題は、国語科における評価をめぐってのものであった。

　第5章で示した「リア王」実践の特質を一言で指摘すれば、それがことばの問題をめぐる「体験」の機会であって、学習者の能力を測るものではないということだ。そしてこうした授業は、国語科の学び全体を動機づける「主体」を形成する機会として、国語科カリキュラムの中に正当に位置付かなくてはならない。

　「主体」の形成という本研究の目的に照らして考えたとき、国語教育には本性的に二重の評価が存在することになる。まずひとつは、言語に関する知識やその運用に関わるスキルに関する評価であり、もうひとつは、「主体」に関わる評価である。前者の「評価」は定量的なもので、いわゆる学習評価に相当するが、後者の「評価」とは、学習者の「主体」が活動を通して析出されるさまを教師が見取っていくことである。いわばそれは、教師が学習者を同じ「主体」として承認し、尊重することである。

　「主体」は評価の対象となりうる言語運用能力の原動力であり、その形成は国語教育にとって重要な課題である。「主体」の形成を欠いた国語教育は、言語運用能力の定着・習熟を図ることはできても、学習者がことばによって考え、世界を獲得していけるようにはできないのである。

　表出されたことばの密度や練度だけを見ていては、学習者の抱えることばの問題は決して見えてはこない。教師が学習者の「主体」を承認し、尊重し、促進するとき、学習者のことばの向こうにはじめて「ことばにならない何か」が立ち現れる。それを通してはじめて、学習者がどのようなことばの課題を抱え、どのように手立てを講じればいいのかが分かる。もちろん、言語運用能力に関する定量的な視点からは「問題がある」と評価せざるを得ない学習者も当然存在するだろう。しかし、そのことはその子自身の「主体」の形成とは何の関係もないし、その子自身の価値や尊厳になど当然関わるものではない。むしろ、言語運用能力が肥大しながらも「主体」の形成が見落とされているような事態こそ、適切な教育が図られていないと判断されるべきなのである。

二重の評価を受け入れるとき、国語教育に「できない子」はいなくなる。そこにいるのは、「言わんとすること」を携えつつも、それぞれの仕方で悩みや困り感を抱えた学習者たちである。教師はそんな彼らを自分と同じ「主体」として扱い、「ことばにならない何か」として両者に立ち現れた「言わんとすること」を、どう表現していくかを共に考え、悩んでいくのである。

3　「主体」の共同体へ──「目的の王国」としての（国語）教室？──

「教師の働きかけはどのようにあるべきなのか？」、そして「「主体」を「評価する」こと」という2つの課題の検討を通して浮き彫りになったのは、教師もまた学習者と等しく「主体」を有する者であり、ともに「ことばにならない何か」に対峙していくことの重要性であった。教師が「未成熟な」学習者に対する「主体」の手本になったり、彼らの領導者たろうとしたりする必要はない。むしろ、そのように気負い、振る舞うことによって、かえって育たないものや見落としてしまうものもあるのである。

カントは『基礎付け』第2章において、「君やいっさいの他者の人格のうちにある人間性（Menschheit）を、常に同時に目的（Zweck）として扱い、決して単なる手段として用いることのないようにせよ」（GMS IV429）と述べ、これが理性的存在者である限り私たちの道徳法則の1つであるとする。人間性を手段としてだけではなく目的として扱え、というのは、それぞれの「主体」に尊厳を認め、兌換不可能な存在として評価していくことである。そしてカントは、このような「目的それ自体」としての理性的存在者の仮想的共同体を「目的の王国（Reich der Zwecke）」と呼んだのであった。

カントがここで語ろうとしたのは、理性的存在者同士が道徳法則を共有し、そのもとに自律的に服する体系の理念である。しかし、筆者はここに、互いを認め合う「主体」が通じ合い、分かりあうることへの希望を重ねている。つまり、表現されたことば（だけ）ではなく、それぞれの「主体」と、互いに抱え対峙する「ことばにならない何か」とを理念として信じていくことに、国語の教室の基礎を求めたいのである。

国語の教室とは「主体」の共同体であり、教師も学習者も、そのことばの

営みは何よりもまず相手の「主体」を評価することから始まっていくのである。

終章　本研究の総括

1　研究の成果

　本章では、序章で提示した本研究の4つの目的に沿って本研究の考察の成果を示す。

目的1：カント哲学的な合理的行為者性の教育的可能性を明らかにする。
　目的1に対応する考察を進めたのが第1章である。
　第1章では、本研究の考察の基礎として、合理的行為者性概念に着目したカント哲学の読み直しに取り組んだ。
　教育学と哲学との関係は古く、カントは教育学においても「古典」としての揺るぎない地位を占めているものの、その受容の内実は倫理学的な関心に基づくものに集中している傾向がある。それはカント自身の行論が道徳を志向しているからであるが。カント哲学の持つ学的意義は、道徳的問題にとどまるものではない。したがって、カント哲学のアクチュアリティを開いていくためには、まずカント哲学自体の読み直しが図られる必要がある。
　本研究が注目したのは、カント哲学における合理的行為者性概念であった。
　カントは合理的行為者性概念としての「意志」を道徳規範の根拠として位置付け、日常的な行為一般における選択や判断とは関係のないものであるかのように論じてきた。しかし、カント哲学においては、もうひとつ、「選択意志」という合理的行為者性概念が存在する。この概念は『純粋理性批判』において理性的存在者の自発性や行為選択の能力として論じられていたが、『道徳形而上学の基礎付け』や『実践理性批判』など実践哲学的著作においては、先の意志に積極的な役割が与えられ、選択意志は「経験や感情の影響を受ける選択様式」と消極的に扱われるに至っていた。しかし、認識論以来のカン

トの主張と、実践哲学以降の諸著作における選択意志への言及を合わせて考えると、むしろ選択意志こそが理性的行為者としての人間の基礎的な理性的行為者性であり、意志はその特殊形態として考えられることが明らかになった。

　以上のようにカントの合理的行為者性概念を捉えるとき、私たちには『基礎付け』第3章における「2つの立場」の新しい意義が見えてくる。それは、「主体」の立場から、いまここの世界に生きる「わたし」を相対化し、他のありように開いていくということである。また裏を返せば、「主体」を形成しなければ、学習者はいまここの自分の在り方から逃れようもないということである。

　以上、目的1の研究成果として、カントの合理的行為者性をめぐる議論が、その読み直しの上に、「わたし」の形成と更新をめぐる教育的関心と接点を持ちうることが明らかとなった。

目的2：国語教育学と哲学との関係を批判的に検討し、両者の協働可能性を考察する。

　目的2に対応する考察を進めたのが第2章である。

　第2章では、カント哲学の教育的可能性を考察するために、これまでの哲学と教育との関わりについて批判的に検討し、その課題を明らかにすることに取り組んだ。

　そのため、本章は大きく2つの視点から考察を進めた。

　まず1つが、カント哲学の教育学的展開の一例としてヘルバルトの学説を検討することである。これによって、カント哲学自体の教育学的可能性を教育学の側から確認するとともに、日本におけるヘルバルト受容の姿から、教育の哲学受容の課題を明らかにした。ヘルバルト思想の特質として、フィヒテ・ヘーゲルら同時代の観念論的傾向に対抗した経験論的性格があることがよく指摘されている。しかし、哲学史的観点からヘルバルトを位置付けたとき、その理論には、カント哲学という先行する「巨人」からの影響もまた指摘することができる。つまり、ヘルバルトの学説は、カント哲学の批判的発展の結果、経験を通しての「人格の陶冶」という教育的問題にたどり着い

たのだと理解できるのである。つまり、カント哲学の教育学的意義は、カント哲学内在的にだけではなく、教育学そのものにも内在的に存在していると言える。

　明治日本でもヘルバルト学説は一大ブームを成すほどに受容が進んだが、明治30年頃からナトルプなどに依拠した社会的教育学の立場から批判を受け、徐々に衰退していくことになる。そしてその受容と衰退からは、「学説の形式的受容」と「時代の趨勢」という教育の哲学受容に関する2つの課題も明らかになったのであった。

　もうひとつの視点は、国語教育における哲学受容の態度の検討である。国語教育、とりわけ文学教育の領野においては、解釈学を中心に哲学理論の援用が古くから行われてきた。また国語教育は「認識」や「主体」といった哲学的モチーフを自分の問題意識において論じてきており、教育学とは異なる独自の哲学受容が進んでいることが指摘できる。

　しかし、国語教育における哲学受容もまた、明治期のヘルバルトと同じ問題を抱えていることが、鶴田（2010）の分析を一例として明らかになった。国語教育は哲学と問題意識を共にするのではなく、自らの問題意識を語るための道具として、哲学を援用している可能性があるのである。

　以上の課題を踏まえ、筆者は、宮本・佐藤・深見（2021）を踏まえ、「開いた体系」としての国語教育学という立場から、国語教育と哲学との有機的かつ相互的な関係を構築していく道を提示した。「開いた体系」とは篠原（1930）がリッカートに依拠して用いる概念で、教育学が独自の視点から周辺諸科学を取り入れつつ、自らの体系を構成的に立ち上げていくことを意味している。国語教育もまた、その独自の関心からそれに即した哲学説をとり入れていくことで、単なる道具的援用にとどまらない、哲学との協働的関係を構築できるのである。

　以上、目的2の研究成果として、ヘルバルト学説の受容と国語教育における哲学受容との批判的検討から、「開いた体系」としての国語教育学が道具的援用を超えた哲学との関係を構築しうることが明らかになった。

目的3：国語教育において「ことばにならない何か」を積極的に意義づける。

目的3に対応する考察を進めたのが第3章である。

第3章では、第2章で明らかとなった「開いた体系」としての国語教育学にとっての固有の視点を明らかにするために、その根源的課題とは何かを考察した。

第2章でも指摘したように、国語教育、とりわけ文学教育は古くから「認識」という哲学的問題を扱い、論じてきた。しかし、国語教育にとって、哲学的モチーフは自分たちの関心でありながら、自分たちのことばではうまく扱いきれない対象でもあった。それは、その対象が具体的なことばの背後にある「ことばにならない何か」であったということと、それを扱う理論を持たなかったということの2つの理由が考えられる。本章は哲学的問題、とりわけ「認識」に関心を置いた国語教育学説を哲学的関心から分析することを通して、それらの学説が言わんとしてきたことを明らかにし、国語教育にとっての「ことばにならない何か」の価値を再確認する。

そのため本章では、2つの国語教育論に着目した。

まずひとつは、西尾実の『国語国文の教育』(1929/1938/1965, 古今書院)における「行的認識」概念である。この概念は同著における国語教育論の根幹をなすものであるが、これまでの研究では「行的」性格に注目が集まり、「認識」については十分な検討が進んでいなかった。本章前半は、西尾が「行的認識」という概念を通して問題提起していたことを、『国語国文の教育』の行論の分析から解明することに取り組んだ。結果、「行的認識」という概念で提起されているのは、国語教育における知的理解・把握に先立つ、「ことばにならない何か」の領域の意義であることが明らかになった。

もうひとつは、文学研究者田中実による「第三項理論」である。田中実の一連の主張は2000年代初頭から2010年代に至るまでの国語教育を大きく刺激したが、その理解が正しく図られていたとは言い難い状況にある。その理由は第三項理論のイデオロギー化など様々であるが、学説内在的な問題を指摘するなら、〈第三項〉という概念の分かりにくさにある。本章後半は、この〈第三項〉をカント哲学を援用しつつ考察することに取り組んだ。結果、田中の文学理論における〈主体〉−〈主体がとらえた客体〉−〈客体そのもの〉と

いう認識構図は、「主体」−「現象」−「物自体」というカント認識論とパラレルに考察することができることが明らかになった。また〈第三項〉は、表出されたことばの向こうにある「ことばにならない何か」を積極的に意義づけているという点で、国語教育にとって刺激的な主張であることも示された。そして、この「ことばにならない何か」を扱うフレームワークとして、カント哲学が国語教育と接点を持つ可能性も示されたのである。

第3章を通して、国語教育の出発点として「ことばにならない何か」への問題意識がすでに見られ、また、その重要性は21世紀に入ってもなお文学教育を中心に認識されていることが明らかになった。

以上、目的3の研究成果として、西尾実の「行的認識」概念と田中実の〈第三項〉概念の国語教育的意義の哲学的検討から、国語教育の根源的課題としての「ことばにならない何か」の重要性と意義とを明らかにした。

目的4：「ことばにならない何か」から「主体」を形成する国語教育の理論と実践をカント哲学の見地から提案する。

目的4に対応する考察を進めたのが第4章・第5章・結章である。

第4章では、前章で示された国語教育の根源的課題としての「ことばにならない何か」を扱うパートナーとしてのカント哲学という可能性を引き受け、カント哲学の立場から国語教育を構想することに取り組んだ。

カント哲学の立場から考えられた国語教育とは、「ことばにならない何か」によって学習者の「主体」を触発し、形成していく学びに他ならない。佐藤（2021）はそれを具体的に構想するにあたり、「ことばにならない何か」を教材化するための作品分析の重要性と、「主体」を形成するための授業の手立ての構想の重要性を、自らの授業実践の分析を通して指摘した。また本章では、「ごんぎつね」（新美南吉）を題材とした単元案も示し、カント哲学的見地から構想した国語教育が、理論ばかりではなく実践にも可能性を持つものであることを提示した。

第5章では、筆者が現場教員と共同で開発した単元の実践を示し、学習者や指導者らの言動への分析から、第4章までの理論的考察を実践の側から再度考察した。

筆者は、「リア王の悲劇」（シェイクスピア）に内在する「ことばの断絶」という問題に着目し、劇化を通して、劇中のリア王とコーディーリアのすれ違いを二重に体感してもらう単元を考案した。「二重に」というのは、まず作品解釈を通して登場人物のすれ違いを対象化して理解し、それを実際に身体化していく中で、登場人物の抱えている問題を「自分の思っている通りに伝わらない」「相手の思っていることが分からない」という仕方で自分自身の問題としても引き受けるという意味である。対象学習者らは言語運用能力が高く、ともすれば表出されたことばだけを受け取りがちであった。そのため、語れることばで武装するのではなく、ことばの向こうにある「ことばにならない何か」に「主体」として丸腰で挑んでいくような機会を、国語の授業の中でもってほしいと考えた。

　単元の分析から明らかになったのは、指導者自身もまた、知らず知らずのうちに学習者のことばを表層的に受け取り、見取ろうとしていたということであった。また、単元の振り返りからは、学習者の多くがなおも表出されたことばの正確さやその技術に関心を寄せていることがわかり、国語教育における「表出されたことば」や言語運用能力重視の感覚の根強さや深刻さが浮き彫りとなった。

　その一方、「ことばにならない何か」に出会い、それを受け入れ、何とか自分のことばとして表現しようとしていた学習者の姿もあり、そうした学習者の「主体」が、他の学習者の「主体」を触発し、変容をもたらす場面もあった。「ことばにならない何か」との対峙を通した「主体」の形成は学習評価の対象とはなり得ないが、国語教育の根源的原動力をなすものとして、国語科の学びに積極的に位置づいていく必要があるのである。

　結章では、第5章で示された実践の課題を踏まえ、「主体」を「ことばにならない何か」で形成する国語教育とは何かについて、再度理論的な考察を行った。

　本研究の立場からは、教師による学習者への働きかけとは、「主体」としての対等な両者のコミュニケーションをめぐる問題として考察できる。「リア王」実践では結局、学習者の多くが表出されたことばの完成度という尺度から単元を振り返っていたが、そこには、「授業の展開や手立てがあれば学習者

は自ずからことばの断絶や『ことばにならない何か』に気づくはずだ」という筆者らの甘えもあった。筆者ら自身が単元で扱う問題を自分ごととして捉え、授業者らへの手立てを「ことばにならない何か」から汲み取ってきていれば、学習者らの「主体」をもっと揺さぶることができたのではないか。また、具体的な能力は「主体」がなくても形成されるが、「主体」は自ずから形成されるものではない。その分、教師の働きかけは、一人の人間としての学習者の在り方に関わりかねない重要なものなのである。

　また本研究からは、国語科の評価の二重性という特質も指摘された。1つは言語運用能力をめぐる定量化可能な評価であり、もう1つが「主体」の評価である。国語科にあっては、後者が前者に巻き込まれることなく、別々のものとして位置付けていくことが求められる。そして、二重の評価によって学習者を見取った時、国語科には「できない子」という概念は存在しなくなる。そこにあるのは、それぞれに「ことばにならない何か」と対峙しつつ、さまざまな困り感を抱え立ち尽くす学習者の姿である。教師は学習者の「主体」を承認し尊重しつつ、その子の抱える「ことばにならない何か」に自分も向き合い、どのようにしたらそれを自分のことばとして獲得していけるのかを共に考え、悩む存在となるだろう。つまり、「ことばにならない何か」から「主体」を形成する国語の教室とは、「主体」の共同体に他ならないのである。

　以上、目的4の研究成果として、カント哲学の見地から国語教育を課題として考察することを通して、「ことばにならない何か」から学習者の「主体」を形成する国語教育の在り方を理論・実践の双方から提案した。

2　本研究の課題と展望

　最後に、本研究の課題と展望を示す。
　本研究の課題は以下の2点である。
　第1に、第3章で国語教育の根源的課題を哲学的見地から考察するにあたり、言語学・言語哲学・分析哲学の系譜を取り扱わなかったことである。筆者がカント哲学を背景とし、また、本研究の目的の1つが「ことばにならない何か」という観念的対象を国語教育に積極的に位置付けるということもあり、

言語の性質をめぐる国語教育的思索については、検討の対象とできなかった。しかし、時枝誠記や輿水実らの主張も今日の国語教育を形成する水脈の1つであり、そこにおいて哲学が役割を果たしてきたことも事実である。国語教育と哲学との関係を史的に検討する上では、「言語」側からのアプローチについても今後考察の対象としていく必要があるだろう。

　第2に、カント哲学的見地から構想した国語教育のカリキュラムを提示するまでに議論が至らなかった。「主体」として「ことばにならない何か」と対峙する機会をことばの学びの原動力として位置づけるのであれば、言語運用能力の指導をカリキュラムとしてどのように位置づけるのかについてもまた新たに示されなくてはならなかった。また終章でも言及したように、本研究の成果は国語科における評価のあり方にも影響を及ぼす。従って、本研究が示す国語教育の姿は既存の国語教育観の見直しを迫るものであり、それにしたがったカリキュラムが、各発達段階に応じて今後構想される必要があるだろう。

　これらの課題は同時に、本研究の展望をも示すものである。「言語」の側からもそれを取り込んだ必然性を考察することは、「開いた体系」としての国語教育学の学的固有性と独自の関心をより明らかにすることになるだろう。また、「主体」を「ことばにならない何か」によって形成する国語教育という構想は、ことばの学びの場としての国語の教室のあり方をも刷新する可能性がある。終章でも述べたように、「ことばにならない何か」の前では、教師も学習者も一個の「主体」として平等である。国語の教室は「主体」の共同体としてどのような人間にも開かれており、互いの「ことばにならない何か」に耳を傾け合う場となりうる。そしてそれは、カントが「目的の王国」と呼んだ理性的存在者の仮想的共同体を、ことばによって実現したものであるように筆者には思われるのである。

初出一覧

本書は、筆者が提出した博士論文（佐藤宗大（2023）「「ことばにならない何か」との出会いから始まる国語教育の理論と実践——「根源的な主体」の形成をめざして——」広島大学大学院人間社会科学研究科）に大幅な加筆・修正を施したものである。また、各章の初出一覧を以下に示す。

序章
書き下ろし

第1章
佐藤宗大（2018）「カントにおける合理的行為者と自由　選択意志による実践哲学の再構築（修士論文）」京都大学大学院文学研究科．

第2章
佐藤宗大（2021）「近世哲学の見地からのヘルバルト再評価の試み　カント主義者としてのヘルバルト」『教育学研究紀要』(66) 19–24．

第3章
佐藤宗大（2023）「西尾国語教育学の認識論——「行的認識」概念の検討から——」『日本教科教育学会誌』(46) 2 75–85．［3節］
佐藤宗大（2020）「「第三項理論」批判　文学教育にカント哲学は何ができるか？」『作大論集』(10) 43–54．［4節］

第4章
佐藤宗大（2021）「カント的「主体」概念による国語教育の再構築　文学の「力」を引き出す「物自体」に出会うために」『日本文学』(70) 11 36–49．［1節–3節］
佐藤宗大（2023）「ごんぎつね——『声なき声』に耳を傾けるために——」難波博孝・田中実・須貝千里他編著『21世紀に生きる読者を育てる　第三項理論が拓く文学研究／文学教育　小学校』明治図書、151–164．［4節］

第5章
書き下ろし

結章
書き下ろし

終章
書き下ろし

引用・参考文献一覧

〈海外文献〉（以下、原著者アルファベット順）
1. 原典
Allison, H.E. (1990) *Kant's Theory of Freedom*. Cambridge: Cambridge University Press.
Herbart. J.F. (hrsg. v. Kehrbach. K) (1887–1912) *Johann Friedlich Herbarts Sämtliche Werke in Chronologischer Reihenfolge 19Bde*. Langensalza : Hermann Beyer & Söhne.
Kant. I. (1968) *Die Religion innerhalb der Grenzen der blossen Vernunft. Die Metaphysik der Sitten* (Kants Werke, 6). Berlin: De Gruyter.
Kant. I. (1998) *Kritik der reinen Vernunft* (Philosophische Bibliothek 505). Hamburg: Felix Meiner Verlag.
Kant. I. (1999) *Grundlegung zer Metaphysik der Sitten* (Philosophische Bibliothek 519). Hamburg: Felix Meiner Verlag.
Kant. I. (2003a) *Kritik der praktischen Vernunft* (Philosophische Bibliothek 506). Hamburg: Felix Meiner Verlag.
Kant. I. (2003b) *Die Religion innerhalb der Grenzen der bloßen Vernunft* (Philosophische Bibliothek 545). Hamburg: Felix Meiner Verlag.
OECD. (2019) *OECD Future of Education and Skills 2030 Conceptional learning framework Concept note: Student Agency for 2030* (https://www.oecd.org/education/2030-project/teaching-and-learning/learning/student-agency/Student_Agency_for_2030_concept_note.pdf, 最終閲覧 2022/05/10).
O'Neill, O. (1989) *Constructions of reason Explorations of Kant's practical philosophy*. Cambridge: Cambridge University Press.

2. 翻訳
ガイスラー［浜田栄夫訳］(1987)『ヘルバルトの教育的教授論』玉川大学出版部.
ハイムゼート［山形欽一訳］(1999)『カント「純粋理性批判」註解 超越論的弁証論 魂・世界および神 第Ⅱ部：四つの二律背反：自然と自由：叡知的性格と経験的性格』晃洋書房.
ヘルバルト［是常正美訳］(1968)『一般教育学』玉川大学出版部.
カント［高峯一愚訳］(1989)『純粋理性批判』河出書房新社.
カント［北岡武司訳］(2000)『たんなる理性の限界内の宗教(カント全集 10)』岩波書店.
カント［樽井正義・池尾恭一訳］『人倫の形而上学(カント全集 11)』岩波書店.
カント［熊野純彦訳］(2011)『純粋理性批判』作品社.
カント［熊野純彦訳］(2013)『実践理性批判 倫理の形而上学の基礎づけ』作品社.

マルクス・ガブリエル［清水一浩訳］(2018)『なぜ世界は存在しないのか』講談社選書メチエ．
シェイクスピア［福田恒存訳］(1967)『リア王』新潮文庫．
シェイクスピア［小田島雄志訳］(1983)『リア王』白水Uブックス．
シェイクスピア［松岡和子訳］(1997)『シェイクスピア全集(5) リア王』ちくま文庫．
シェイクスピア［安西徹雄訳］(2006)『リア王』光文社古典新訳文庫．
シェイクスピア［河合祥一郎訳］(2020)『新訳　リア王の悲劇』角川文庫．

〈邦語文献〉(以下、著者五十音順)
有福孝岳(2014)「『純粋理性批判』〔『第一批判』〕」有福孝岳他編『カント事典 縮刷版』弘文堂，246–251．
石川文康(1996)『カント第三の思考 法廷モデルと無限判断』名古屋大学出版会．
石川文康(2014)「アンチノミー」有福高岳他編『カント事典 縮刷版』11–12．
石原千秋(2015)「宗教としての研究――教室で文学は教えられるか――」『日本文学』64(4) 2–10．
大内裕和・紅野謙介(2020)「迷走の教育から闘争の教育へ――大学入学共通テストと新学習指導要領から問う言葉をめぐる教育」『現代思想』48(6) 8–29．
大河原忠蔵(1968)『状況認識の文学教育〈増補版〉』有精堂．
奥田靖雄(1970)『国語科の基礎』むぎ書房．
風間誠史(2020)「子午線　国語教育部門のあり方と『理論』について」『日本文学』69(6) pp.46–47．
加藤典洋(2013)「理論と授業――理論を禁じ手にすると文学教育はどうなるのか――」『日本文学』62(3) 26–37．
熊谷孝(1960)「文学教育は子どもの認識をどう育てるか(第一回研究集会のために)」『文学と教育』(15) 2–4．
桑原隆(1998)『言語活動主義・言語生活主義の探究――西尾実国語教育論の展開と発展――』東洋館出版社．
下司晶・木村拓也(2015)「『教育学の古典』に関する意識調査――教育哲学会第五七回大会研究討議参加者を対象として――」『教育哲学研究』(112)232–238．
下司晶(2016)『教育思想のポストモダン――戦後教育学を超えて』勁草書房．
幸田国広(2015)「『鑑賞』の史的把握――西尾実『鑑賞』概念の再検討を通して――」『国語科教育』(78) 21–28．
是常正美(1966)『ヘルバルト研究』牧書店．
齋藤智哉(2007a)「西尾実における国語教育観の転換――植民地視察による『話しことば』の再発見――」『国語科教育』(61) 11–18．
齋藤智哉(2007b)「西尾実における「行的認識」の再検討――西田幾多郎の「純粋経験」と「行為的直観」を手がかりに」『全国大学国語教育学会国語科教育研究 大会研究発表要旨集』(113) 229–230．
佐藤宗大(2020)「子午線(大会印象記) 理論と実践とのあいだに　認識としての『読むこと』をめぐって」『日本文学』69(3) 56–57．

佐藤宗大（2021）「『書くこと』による論理的思考と教室空間における教え手の『承認』」『国語教育思想研究』(22) 9–22.
篠原助市（1930）『教育の本質と教育学』同文社.
須貝千里（2013）「『言葉ひとつ』、ふたたび——鶴田清司と加藤典洋——」『日本文学』62(8) 13–27.
須貝千里（2017）「世界観認識として、「予測困難な時代」を問い質して——「資質・能力」としての〈第三項〉論と「故郷」（魯迅）の「学習課題」の転換——」『日本文学』66(8) 35–50.
須貝千里（2018）「〈困った質問〉に向き合って——文学作品の『教材研究』の課題と前提——」田中実・須貝千里・難波博孝編著『21世紀に生きる読者を育てる　第三項理論が拓く文学研究 / 文学教育　高等学校』明治図書 261–274.
杉山精一（2001）『初期ヘルバルトの思想形成に関する研究——教授教育の哲学的背景を中心として——』風間書房.
鈴木晶子（1990）『判断力養成論研究序説——ヘルバルトの教育的タクトを軸に——』風間書房.
鈴木啓子（2000）「『ごんぎつね』の引き裂かれた在りよう——語りの転位を視座として——」田中実・須貝千里編『文学の力×教材の力 小学校編 4年』教育出版 48–64.
鈴木啓子（2004）「『ごんぎつね』をどう読むか」『日本文学』52(8) 30–40.
角忍（2014）「悟性」有福高岳他編『カント事典 縮刷版』180–182.
住田勝（2013）「1　読むことの学習・学習者研究」全国大学国語教育学会編『国語科教育学の成果と展望II』学芸図書 217–224.
竹長吉正（2012）『実践的国語教育論の構築者　西尾実、この多様にして複雑な存在——表現教育論と教育思想——』創英社 / 三省堂書店.
田近洵一（1975）『言語行為主体の形成　国語教育への視座』新光閣書店.
田近洵一（1999）『戦後国語教育問題史 増補版』大修館書店.
田近洵一（2013）『現代国語教育史研究』冨山房インターナショナル.
田中実（1996）『小説の力　新しい作品論のために』大修館書店.
田中実（2016）「現実は言葉で出来ているII——『夢十夜』「第一夜」の深層批評——」『都留文科大学研究紀要』(84) 31–56.
田中実（2017）「〈第三項〉と〈語り〉／〈近代小説〉を〈読む〉とは何か——『舞姫』から『うたかたの記』へ——」『日本文学』(66)8, 2–14.
田中実（2018a）「〈近代小説〉の神髄は不条理、概念としての〈第三項〉がこれを拓く——鷗外初期三部作を例にして——」『日本文学』67(8) 2–17.
田中実（2018b）「学問として〈近代文学〉を読むために」田中実・須貝千里・難波博孝編著『21世紀に生きる読者を育てる　第三項理論が拓く文学研究 / 文学教育　高等学校』明治図書 246–260.
田中実・須貝千里（編）（2001）『文学の力×教材の力　理論編』教育出版.
丹藤博文（2020）「抵抗のメソッド——《主体的な読み》とは何か——」『国語国文学報』(78) 11–20.

中央教育審議会(2016)『幼稚園、小学校、中学校、高等学校及び特別支援学校の学習指導要領等の改善及び必要な方策等について(答申)(中教審第197号)』(https://www.mext.go.jp/b_menu/shingi/chukyo/chukyo0/toushin/__icsFiles/afieldfile/2017/01/10/1380902_0.pdf　最終閲覧2023/08/01).

鶴田清司(2010)『〈解釈〉と〈分析〉の統合をめざす文学教育　新しい解釈学理論を手がかりに』学文社.

鶴田清司(2020)『なぜ「ごんぎつね」は定番教材になったのか――国語教師のための「ごんぎつね」入門――』明治図書.

土居光知(1922)『文学序説』岩波書店.

難波博孝(2018)「『新しい実在論』と第三項理論」『日本文学』67(8) 18–29.

難波博孝(2022)「国語教育思想論に関する研究の成果と展望」全国大学国語教育学会編『国語科教育学の成果と展望Ⅲ』渓水社 43–50.

新美南吉(1980)『校定新美南吉全集　第3巻　童話・小説3』大日本図書.

古田博司(2014)『ヨーロッパ思想を読み解く――何が近代科学を生んだか』ちくま新書.

西尾光一(1976)「西尾実年譜」『西尾実国語教育全集　第十巻』教育出版, 499–546.

西尾実(1929)『国語国文の教育』古今書院.

西尾実(1938)『国語国文の教育　第13版』古今書院.

西尾実(1951)『国語教育学の構想』筑摩書房.

西尾実(1965)『国語国文の教育　第14版』古今書院.

西尾実(1971)『教室の人となって　国語生活六十年(国土選書2)』厚徳社.

西尾実(1974)『西尾実国語教育全集　第一巻』教育出版.

日本文学協会(2020)「二〇一九年八月号に関する経過報告」『日本文学』69(2) 65–69.

野矢茂樹(2021)「国語は何を教えなくてよいのか」『日本文学』70(3) 4–13.

浜本純逸(1975)「意識の変革から認識力の育成へ」『日本文学』24(1) 1–7.

浜本純逸(1978)『戦後文学教育方法論史』明治図書.

浜本純逸(2004)「西尾・時枝論争は不毛ではなかった」『国語教育史研究』(2) 24–31.

府川源一郎(2000)『「ごんぎつね」をめぐる謎　子ども・文学・教科書』教育出版.

福谷茂(2009)『カント哲学試論』知泉書館.

牧野英二(2014)「物自体」有福孝岳他編『カント事典 縮刷版』507–510.

松崎正治・浜本純逸(1986)「西尾実の『主題・構想・叙述』概念の成立」『神戸大学教育学部研究集録』(77) 1–14.

松崎正治・浜本純逸(1988)「西尾実における行的認識の教育論(その1)」『神戸大学教育学部研究集録』(81) 1–19.

松崎正治(1989)「西尾実における行的認識の教育論(その2)」『鳥取大学教育学部研究報告 教育科学』31(1) 1–29.

松崎正治(1996)「西尾実の行的認識の教育論の史的検討」『国語科教育』(43) 80–91.

松崎正治(2004)「西尾実の《行的認識の教育論》を読む(読む)」『日本文学』53(12) 44–47.

松崎正治(2016)「西尾実の国語教育思想における言語観――フィヒテの言語哲学を媒

介として──」『同志社女子大学 学術研究年報』(67) 47–54.
松本仁志 (1989)「「習字」「書キ方」におけるヘルバルト派五段教授法の影響」『国語科教育』(36) 107–114.
宮本勇一・佐藤宗大・深見奨平 (2021)「篠原助市における『開いた体系』としての教育学──自立的科学への逆説的理路」『教育学研究』88(2) 223–234.
望月善次 (2010)「序章 国語科教育学としての道 〜どのような特徴を持った国語科教育学徒であるか〜」望月善次編『国語科教育学はどうあるべきか』明治図書 pp.15–24.
森美智代 (2011)『〈実践＝教育思想〉の構築──「話すこと・聞くこと」教育の現象学』渓水社.
森美智代 (2022)「3 国語科教育学の理論的研究に関する成果と展望」全国大学国語教育学会編『国語科教育学の成果と展望Ⅲ』渓水社 505–512.
本橋龍晃 (2019)「西尾実の言語活動論と文芸観の変容──ヴィルヘルム・ヴント受容を視座にして──」『国語教育史研究』(19) 51–58.
文部科学省 (2018)『小学校学習指導要領 (平成29年告示) 解説 国語編』東洋館出版社.
山本康治 (2007)「明治四十年代『国語』科における韻文教育の位相──ヘルバルト派教育学との関わりから──」『東海大学短期大学部紀要』(41) 41–46.
山本康治 (2011)「国語科成立の背景──沢柳政太郎とヘルバルト教育学との関係を踏まえて──」『東海大学短期大学部紀要』(45) 39–46.
山本康治 (2013)「明治末から大正期における小学校国語教育へのヘルバルト派教育学の影響について」『東海大学短期大学紀要』(47) 35–43.
山元隆春 (2005)『文学教育基礎論の構築──読者反応を核としたリテラシー実践に向けて──』渓水社.
山元隆春・難波博孝・山元悦子・千々岩弘一 (2020)『新しい国語科教育学の基礎』渓水社.
山本正身 (1985)「日本におけるヘルバルト派教育学の導入と展開」『慶応義塾大学大学院社会学研究科紀要』(25) 67–74.
李勇華 (2017)「魯迅『故郷』における〈語り手を超えるもの〉──第三項論が拓く〈語り〉の地平──」66(4) 23–36.

謝辞（博士論文版）

　社会の授業で習った「瀬戸内の気候」にワクワクしていたところ、内陸の盆地の暑さ寒さに色々騙されたと思いつつもう3年が過ぎようとしている。
　地元にお気に入りのコーヒーチェーンがあって、そこの「炭焼ブレンド」がお気に入りだった。一瞬の社会人経験も含め都合8年ほどブラブラしていた京都という街も喫茶店が多く、老舗ほどしっかり目のコーヒーを売りにしていたような気がする。いや、「コーヒー」というのはそういうものだと思っていたから、結局そのようなものしか観測範囲に入ってこなかったという方が正しいのかもしれない。
　東広島というのは喫茶店が少ないわりにやたらと個性のあるいい焙煎所が多く、そのせいでずいぶんとコーヒーについての知見が広がった。あの店の店主のうんちくに耳を傾けたり、この店の試飲コーナーで数分飲み比べをして粘ったりしているうちに、ああ自分は華やかで後味の甘いものが好みだったんだなあと気づいた。そして、その感覚を手がかりとしながら、産地や品種ごとの違いや特徴も朧げながら分かるようになってきた。これを書いているのは12月だが、福袋やら博論執筆の気付け用やら、ここまでいったいコーヒーにいくら投下したのか。考えるのも恐ろしい。
　コーヒーを飲む時間は、楽しいおしゃべりの時間でもあった。院生室の一角で自分のために淹れていただけの1杯が、
「淹れるけど要る？」
と同室のメンツとのコミュニケーションのきっかけになり、いつの間にか手挽きのミルでは間に合わない人数に輪が広がっていった。広島にはなんの縁もなく、「京大でカントを研究していた男が来る」という指導教員の触れ込みでただでさえ警戒されていた（ということは後で知ったのだが）私にとって、コーヒーは人とのつながりを作ってくれたのだった。

「広島大学の博士課程で国語教育を研究する」などという道を選ばなければ、私は深煎りだけがコーヒーだと思い続け、屈折を抱えたままひとり虚勢を張り続けていたかもしれない。哲学の世界から飛び込んできた私を、国語教育の世界の人たちは実にあたたかく迎え入れてくれた。それだからこそ私は、曲がりなりに研究を続け、こうしてまとめきることができた。

　指導教員の難波博孝氏とはじめて出会ったのは2019年の1月、「哲学屋」の私が国語教育のとある研究集会で発表した時のことだった。そこで私は当時流行っていたガブリエルの新実在論の話をしていたのだが、難波（2018）のガブリエル受容を批判的に検討しようとしていたところにその本人が聞きにきていて、「えらい先生にとんでもないことをしてしまった……」と恐縮したことを覚えている。その年の7月、今度は京都で開かれたある学会で、私はその「えらい先生」に「博士に進学したいと思うんですが」と意を決して切り出した。すると「えらい先生」は「ああ来たらええやん」と、なんともまあフランクに受け入れてくれたのだった。そしてその次の春、「えらい先生」は私の指導教員になったのである。

　ほぼ勢いで国語教育に飛びこんだはいいもののなんの「知識」もなく不安な私に、難波氏は「耳学問でいろいろな人の考えにとにかく触れてればええんや」とアドバイスをし、実際そうした機会をたくさん提供してくれた。そこで私は、いわゆる「進学校」ではない、公立の小学校の日常でさりげなく営まれ、築かれているものの圧倒的な力と尊さを知った。それは、頭でっかちな「哲学屋」を独断のまどろみから目覚めさせ、教育現場の切実な問題を研究者として共有し、力になっていきたいと誓わせるに十分すぎるものであった。こうした環境で好きなように過ごし、言いたいことを言いたいままに言わせておいてくれたからこそ、今の私があるのだと思う。

　副指導教員の松本仁志教授、山元隆春教授、山内規嗣教授にも大変お世話になった。松本教授は学務でご多忙の中、教育史的な観点から研究へのご示唆をいただいた。またそのお優しい人柄とおことばに、折に触れ大変勇気づけられてきた。山元教授は、文学教育の目的や意義を国語教育の全体から捉え直すというあまりに稀有壮大な私の構想を「国語教育の哲学を構想しようとされているように感じました」と改めて価値づけ、評価してくださった。間

違いなく現代の国語教育学を代表する研究者のお一人である山元教授からそのように言っていただけたことは、「門外漢」であることをどこかで引きずっていた私に自信を与えてくれた。また山内教授には、道徳教育の視角から私の研究のさらなる可能性を開いていただいた。博論とは無関係に「面白い」からやっていた共同研究で扱った「開いた体系」というモチーフが、いつの間にか国語教育学を特徴づける概念にまで位置づいたのは、山内教授からのコメントがあったからこそである。構想発表、計画審査、そして予備審査と、領域を代表する研究者の皆様にご指摘をいただき、意見を交換させてもらえたのがとても楽しく、刺激的だった。改めてお礼を申し上げたい。

　国語教育のフィールドで出会ってきた研究者、現場教員の皆様にも感謝しなければならない。特に福山市立大学の森美智代教授、元岩手大学の望月善次教授のお二人には、全国大学国語教育学会での初発表以来、私の研究に対して激励とご指導をいただき続けてきた。また何よりも広島大学附属小学校の山中勇夫教諭である。この方がいなければ、私は国語教育に足を踏み入れることはなかったし、「難波博孝」という人の存在を知ることもなかったのだから。山中氏とは「哲学屋」の頃から、文学教育をめぐってたくさん意見を交換し、議論を重ねてきた。いつかこの人と共同研究がしたい、ということが自分の目標にもなっていた。それが第5章の実践として実現し、博士論文の要石ともなったことが、私はとても嬉しい。もちろん、院生室で「コーヒー仲間」たちと過ごしてきた雑談とも議論ともつかない時間も、今の私を構成する大切な要素である。知り合いもおらず、「研究一筋」で貝のように生きて行こうと覚悟していた私がおもしろおかしく日々を送り、しんどいながらもなんとか博論を書き上げられたのは、みんなとの時間があればこそに違いない。本当にありがとう。

　最後に、三十を目前にして立つかどうかも分からず「研究職をめざしたい」などと言い出した長男を応援してくれた実家の面々である。実は、そもそも山中教諭と私とを引き合わせたのは私の父であった。適応障害で退職してぼうっと過ごしていた私に、地元小学校の副校長をしていた父が「面白い人がいるから会ってみたら？」と勧めてくれたのが、当時同校で国語主任を務めていた山中教諭であった。両親ともに小学校教員、さらに弟も小学校の先生

になり、結果的に教育一家になるに至った。ひょっとしたら、両親もようやく息子がやっていることが分かるようになって安心したかもしれない。ただし、広島という遠方であること、そしてちょうどコロナ禍で外出もままならなかったこともあり、なかなか戻って顔を見せることができない3年間であった。D1の冬には祖母が亡くなり、時期が時期とあって未だに法事にきちんと参加できていない。顔を見せるたびに言われていた「ハートのいい子を見つけるんだよ」ということばを、私的な当面の研究課題としたい。

2022年12月30日
大掃除もままならない散らかったデスクに向かいつつ
佐藤　宗大

謝辞（書籍化版）

　本書は、2023年1月に広島大学に提出した博士論文「『ことばにならない何か』との出会いからはじまる国語教育の理論と実践――『根源的な主体』の形成をめざして――」に大幅な加筆・修正を施したものである。
　博士論文の書籍化などということは、人生のもっともっと先にあるかないかのことだと信じていた。こうした機会を提供してくださったひつじ書房編集長の松本功氏には、感謝してもしきれない。また、例によって
　「こんな話もらったんですがどうしましょう」
という相談ともなんともつかぬ連絡に対し
　「ぜひやりなさい」
とLINEで背中を押してくれた元指導教員の難波博孝氏にも、改めて感謝申し上げたい。
　本当にありがとうございました。

　博論に付けた「謝辞」を載せることはあまりないと思うのだが、これはこれで本書に至るまでの道筋を示すものであり、そこで示した感謝もまた、今日の私に間違いなく続いている。そういうわけで、ここについてはあえていっさい手直しをしていない。2022年12月30日、博論本体が仕上がりせいせいした気持ちで書いていることが手に取るように伝わってくる。なお、博論の「謝辞」で言及されていた「私的な研究課題」の進捗については、「無事達成された」ことをここにしれっと報告するものである。

2024年4月22日
カント生誕300周年の日に
佐藤　宗大

索 引

あ
新しい解釈学　43
アンチノミー　16

い
意志　22, 23, 24, 26, 38, 151

か
解釈学　42, 43
ガブリエル，マルクス　73, 74, 75
感性　14, 18
カント　37, 38, 39

け
言語運用能力　1, 91, 92, 105, 106, 107, 140
現象　15

こ
行的認識　53, 54, 59, 60, 64, 154
合理的　12
合理的行為者性　12, 21, 30, 31, 76, 84, 85, 91
合理的行為者性概念　151
声なき声　96, 97, 98, 103
『国語国文の教育』　53, 154
悟性　14, 18
ことばにならない何か　4, 78, 84, 85, 107, 108, 109, 138, 139, 140, 141, 148, 149, 155, 156, 157

し
『実践理性批判（Kritik der praktischen Vernunft）』（1788）（『第二批判』）　12, 22, 24, 25, 26, 27, 28, 151
主体　82, 83, 84, 85, 86, 91, 92, 93, 94, 103, 109, 138, 146, 147, 148, 149, 152, 155, 156, 157
主体性　31, 82, 145, 146
『純粋理性批判（Kritik der reinen Vernunft）』（1781/1787）（『第一批判』）　13, 14, 16, 17, 18, 22, 23, 25, 27, 28, 29, 76, 151
『人倫の形而上学（Die Metaphysik der Sitten）』（1796）　13

せ
選択意志　12, 21, 22, 23, 24, 26, 30, 151

た
第三項　70, 71, 76, 155
第三項の領域　66, 67
第三項理論　65, 67, 68, 69, 71, 73, 74, 76, 154
『単なる理性の範囲内における宗教（Die Religion innerhalb der Grenzen der bloßen Vernunft）』（1793）（『宗教論』）　13, 23

ち
超越論的自由　19
直観　15

て
定言命法（kategorischer Imperativ）　26

と

『道徳形而上学の基礎付け（*Grundlegung zur Metaphysik der Sitten*)』(1785)（『基礎付け』）　22, 24, 25, 28, 149, 151

ひ

開いた体系　48, 153

へ

ヘルバルト，J.F.　33, 34, 36, 37, 38, 39, 40, 152

ま

ガブリエル，マルクス　73, 74, 75

も

目的の王国（Reich der Zwecke）　28, 149

物自体　6, 15, 30, 38, 39, 76, 84, 85, 90, 91, 92, 93, 94, 155

り

リーディングシアター　110, 114, 116, 128, 131

理性　14

理性的存在者　38

わ

わたし　30, 31, 84, 152

【著者紹介】

佐藤宗大（さとう　たかひろ）

日本女子大学人間社会学部教育学科　助教

1992年栃木県生まれ。広島大学大学院人間社会科学研究科博士課程後期修了。博士(教育学)。専門は国語教育学。主な業績として、『21世紀に生きる読者を育てる　第三項理論が拓く文学研究／文学教育　小学校』(共著、明治図書出版、2023年)、「篠原助市における「開いた体系」としての教育学―自立的科学への逆説的理路」(共著、『教育学研究』88(2)、[日本教育学会]、2021年)、「カント的「主体」概念による国語教育の再構築―文学の「力」を引き出す「物自体」に出会うために」(『日本文学』70(11)、[日本文学協会]、2021年)、「西尾国語教育学の認識論―「行的認識」概念の検討から」(『日本教科教育学会誌』46(2)、[日本教科教育学会]、2023年)。

○カバー装丁　アートワーク
「The old Sea /Scenery」#4　副島泰平
「The old Sea」は、長大な自然の循環をテーマに、小さな鉄板の錆から海の景色を抽出した写真作品です。

国語教育における「主体」と「ことばにならない何か」
Agency and "Things Beyond Words" in Japanese Language Education:
 In Search of the Foundation of Finding Their Own Words
Sato Takahiro

発行	2024 年 11 月 15 日　初版 1 刷
定価	3800 円＋税
著者	Ⓒ 佐藤宗大
発行者	松本功
装丁者	三好誠（ジャンボスペシャル）
組版所	株式会社 ディ・トランスポート
印刷・製本所	株式会社 シナノ
発行所	株式会社 ひつじ書房

〒 112-0011 東京都文京区千石 2-1-2 大和ビル 2 階
Tel.03-5319-4916　Fax.03-5319-4917
郵便振替 00120-8-142852
toiawase@hituzi.co.jp　https://www.hituzi.co.jp/

ISBN978-4-8234-1263-9

造本には充分注意しておりますが、落丁・乱丁などがござい
ましたら、小社かお買上げ書店にておとりかえいたします。
ご意見、ご感想など、小社までお寄せ下されば幸いです。

[刊行書籍のご案内]

文学教育における読書行為の研究

丹藤博文著　　定価 7,200 円＋税

本書は学校教育における文学教材の読みについて、読書行為の観点からその有効性を明らかにし、その成立のための方法を提案する。まず戦後文学教育を読書行為論の視点から批判的に検討し、また、文学の機能を教室で生かすために、言語論的転回以後の読書行為論の理論と方法を構築した。さらに文学教材をナラティヴ・メソッドにより分析していくことで、テクストの行為を可視化することを試みる。文学教育の新たな理論と実践の書。

[刊行書籍のご案内]

教科を越えた「書くこと」の指導　事実を伝え、意見を述べる力を育む
島田康行・渡辺哲司編　　定価 2,400 円＋税

教科を越えて「書くこと」の指導に挑む教師たちによる実践集。国語で、理科で、農業科で、教師たちが「自ら進んで」取り組む実践は、ときに縦横に伝播する。「事実を伝え、意見を述べる」言葉の技は、全教科の学習の支えとなり、世間を生きる力となる。だからこそ、今すべての教師がその指導に取り組んでほしい。それは誰にでも可能なのだから。
執筆者：島田康行、渡辺哲司、澤田英輔、渡邉久暢、杉本紀子、大内康宏、駒形一路、羽田徳士、高城英子、宮田晃宏、田中江利子、宮原清

[刊行書籍のご案内]

レポート課題の再発見　論題の設計と評価の原理
成瀬尚志著　　定価 1,600 円＋税

生成 AI 時代に、レポート課題は存亡の危機に瀕している。コピペ問題に続き、生成 AI の台頭でレポート課題の存在意義が揺らぎ、教育の現場から姿を消しかねない状況にある。しかし、大学での貴重なライティングの機会であるレポート課題が、このまま消えてしまってもよいのだろうか。本書は、「論題の設計と評価の原理」にまで立ち返って考察し、ライティング教育におけるレポート課題の意義と可能性を「再発見」することを目指す。